LC-I-112

E. Rosenkranz
Kleine Geographie des Meeres

Erhard Rosenkranz

Kleine Geographie des Meeres

AULIS VERLAG
DEUBNER & CO KG · KÖLN

Einbandfoto:
Seegang mit 20 m hohen Wellen bei einem Orkan im
Golf von Biscaya (SCHULZ, Warnemünde)

CIP-Kurztitelaufnahme der Deutschen Bibliothek

Rosenkranz, Erhard /
Kleine Geographie des Meeres –
1., für d. Aulis-Verl. Deubner Köln veranst. Aufl. –
Köln: Aulis-Verlag Deubner, 1986
(Wir und die Natur)
ISBN 3-7614-1015-8

Best.-Nr. 6417
1., für den Aulis-Verlag Deubner & Co. KG Köln
veranstaltete Auflage 1986.
ISBN 3-7614-1015-8
© VEB Hermann Haack Geographisch-Kartographische Anstalt Gotha,
Gotha 1986.
(VLN 1001, 320/205/86, K 2/64, 27/86 (7859)
Printed in the German Democratic Republic

ISBN der Originalausgabe: 3-7301-0629-5

Inhaltsverzeichnis

7 Vorwort
9 Warum Geographie des Meeres?
15 Ozeane, Nebenmeere, Mittel- und Randmeere
20 Das submarine Relief
30 Das Meerwasser
30   Der Stoffgehalt
33   Der Stoffhaushalt des Meeres
40   Die Temperatur
48   Der Energiehaushalt
52 Die Wellen
57 Die Gezeiten
·65 Die Meeresströmungen
78 Regionale Einheiten des Meeres – Meereslandschaften
95 Begriffserläuterungen
99 Literatur
101 Bildteil

Vorwort

Die Meereskunde – ursprünglich wie auch andere heute selbständige Wissenschaften ein Teilgebiet der Geographie – wird gegenwärtig hauptsächlich als Teildisziplin der Physik der Erde betrieben. Die meisten Gegebenheiten und Probleme im marinen Bereich werden nur bei genauer Kenntnis der ihnen zugrundeliegenden physikalischen, chemischen und biologischen Elementarsachverhalte verständlich, wobei sich diese Grundlagen oftmals auch als unmittelbar bedeutsam für praktische Fragen, wie beispielsweise der Nutzung mariner Ressourcen, erweisen. Darüber hinaus spielen aber auch geographische Sachverhalte und Zusammenhänge eine wichtige Rolle. Diese zu verdeutlichen ist die Absicht der vorliegenden Darstellung. Sie bestimmte auch die Wahl des Titels, obwohl es sich teilweise mehr um eine geographische Meereskunde handelt. Von geographischen Gesetzmäßigkeiten mitbestimmte Gegenstände waren auch für die Stoffauswahl maßgeblich. Mit dem Schlußkapitel ist weniger ein Ergebnis der Forschung wiedergegeben als vielmehr eine geographische Forschungsaufgabe angedeutet.

Halle, im Dezember 1984   Dr. rer. nat. habil. Erhard Rosenkranz

Warum Geographie des Meeres?

Dem Betrachter des endlos scheinenden Meeres oder dem Seefahrer, der tagelang kein Festland sieht, drängt sich der Eindruck auf, daß unsere Erde eigentlich ein *Wasserplanet* ist. Von den rund 510 Mill. km² der gesamten Erdoberfläche sind 362 Mill. km² oder rund 71 % von einem zusammenhängenden Weltmeer bedeckt. Auf 1 km² Festland entfallen 2,4 km² Wasserfläche. Selbst die Erdhalbkugel mit der größten Festlandmasse ist noch zu 51 % von Wasser bedeckt.

Dieser Anschein trügt jedoch in gewissem Sinne. Wie aus Tabelle 1 ersichtlich wird, ist der Anteil des Wassers am Gesamtaufbau der Erde klein.

Das Wasser des Meeres bedeckt den festen Erdkörper nur als eine sehr *dünne Haut*. Wäre es gleichmäßig über die gesamte Oberfläche der Erde verteilt, wäre diese Wasserschicht nur 2650 m mächtig. Über 71 % der festen Erdoberfläche verteilt, ergibt sich eine mittlere Tiefe des Weltmeeres bzw. Mächtigkeit der Wasserschicht von 3730 m. In der

Tabelle 1
Oberflächen, Volumina und Massen von Erde und Weltmeer

Gesamtoberfläche der Erde	$5,10 \cdot 10^8$ km²	
Oberfläche des Weltmeeres	$3,62 \cdot 10^8$ km²	$= 70,98\%$ der Erdoberfläche
Gesamtvolumen der Erde	$1,08332 \cdot 10^{12}$ km³	
Volumen des Weltmeeres	$1,35 \cdot 10^9$ km³	$= 0,1246\%$ des Erdvolumens
Gesamtmasse der Erde	$5,975 \cdot 10^{24}$ kg	
Masse des Meerwassers	$1,4 \cdot 10^{21}$ kg	$= 0,02343\%$ der Erdmasse
Erdradius (am Äquator)	6378,4 km	
mittlere Tiefe des Weltmeeres	3,73 km	

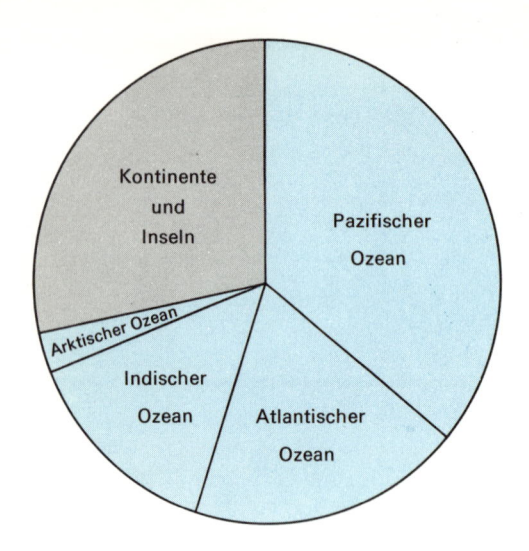

Abbildung 1
Anteile von Ozeanen und Festländern an der Oberfläche der Erde

maßstabgerechten Darstellung der Erde durch einen Globus von 175 cm Durchmesser wäre das Weltmeer im Mittel nur eine 0,5 mm mächtige Schicht.

Die Wassermasse des Weltmeeres stellt die Hauptmasse allen Wassers auf der Erde dar.

Nur 6% aller Wasservorräte der Erde, von denen jedoch bei weitem nicht alle verfügbar sind, bestehen aus Süßwasser. 94% hingegen sind

Abbildung 2
Die beiden Erdhalbkugeln mit der größten Festlandsfläche und der größten Meeresfläche

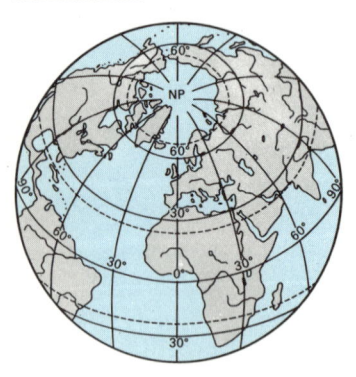

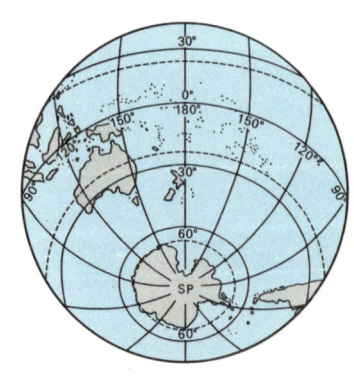

Abbildung 3
Größenvergleich der Volumina und Massen von Erde und Meer (großer Würfel: Volumen bzw. Masse der Erde; kleiner Würfel links: Volumen des Meeres; kleiner Würfel rechts: Masse des Meerwassers)

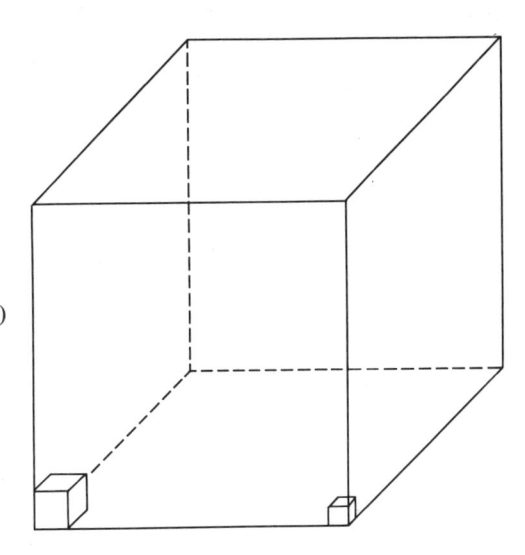

für den menschlichen Genuß, die meisten industriellen Zwecke sowie die Bewässerung nicht ohne aufwendige Vorbehandlung zu verwenden.

Trotz seines minimalen Anteiles an der Gesamtmasse der Erde spielt das Wasser des Meeres in mehrfacher Hinsicht eine ganz überragende Rolle. Nicht nur wegen seines großen Anteiles an der Oberfläche, sondern weil das Meer auch bis in große Tiefen von tierischen

Tabelle 2
Wasservorräte der Erde

	nach Lvovitch 1971		nach Hoinkes 1968	
	(in Mill. km^3)	(in %)	(in Mill. km^3)	(in %)
Meerwasser	1 350	94,12	1 348	97,38
Grundwasser	60	4,18	8	0,58
Inlandeis und Gletscher	24	1,67	28	2,02
Seen	0,23	.	} 0,225	.
Flüsse	0,0012	.		
Bodenfeuchte	0,082	0,005	0,062	0,02
Atmosphäre	0,014	.	0,013	.
Gesamtvolumen des Wassers auf der Erde	1 434,3272	99,995	1 384,300	100,00

Organismen besiedelt ist, ist es der größte Lebensraum auf der Erde. Mit einem Gehalt von etwa 10^{13} t Biomasse ist das Meer als Nahrungsmittelquelle für die Ernährung der Weltbevölkerung und insbesondere die Versorgung mit wertvollen Proteinen nicht mehr wegzudenken. Die *Fischerei* ist zugleich die älteste Form der Nutzung des Meeres. Gegenwärtig werden jährlich rund 70 Mill. t Fisch aus allen Teilen des Meeres eingebracht. In ständig zunehmendem Maße werden auch Meerespflanzen in die Nutzung zu Ernährungszwecken einbezogen.

Ebenso alt wie die Fischerei ist die *Gewinnung von Salz* aus dem Meere. Im Meerwasser sind aber neben den bekannten Salzen fast alle chemischen Elemente enthalten. Die Gesamtmasse aller im Meer zum Teil in gelöster, zum Teil in disperser Form enthaltenen Stoffe beträgt – berechnet aus Volumen des Meerwassers und Salzgehalt – rund $5 \cdot 10^{16}$ t. Wegen ihrer größtenteils nur minimalen Konzentration werden bisher neben Kochsalz nur wenige Stoffe gewonnen, wie etwa Magnesium, Brom und Vanadium. Geeignete Technologien können aber schon in absehbarer Zeit Voraussetzungen für eine stärkere Nutzung dieser Rohstoffe schaffen. So werden beispielsweise in Japan große Anstrengungen gemacht, Uran aus dem Meerwasser zu gewinnen. Mit zunehmender Verknappung der Süßwasservorräte erlangt schließlich die *Gewinnung von Trinkwasser durch Entsalzung* von Meerwasser immer mehr Bedeutung.

Eine wesentlich größere Rolle dürften jedoch schon in absehbarer Zeit wegen ihres zum Teil erheblichen Metallgehaltes verschiedene marine Lockersedimente, insbesondere der Tiefsee, gewinnen. Sie sind das Ergebnis natürlicher Konzentrations- und Ausscheidungsprozesse im Meerwasser. Daß solche Vorgänge stattfinden müssen, wird schon daraus ersichtlich, daß dem Meere mit der Abtragung von den Festländern sowie durch submarine Vulkane ständig große Mengen verschiedener Stoffe zugeführt werden, andererseits aber der Salzgehalt bzw. der Stoffgehalt des Meeres auch in geologischen Zeiträumen offenbar gleichgeblieben ist und sich auch gegenwärtig nicht verändert. Die Metallvorräte in diesen Sedimenten sind so groß, daß sie wahrscheinlich das bisherige Gesamtbild dieser Rohstoffressourcen stark verändern werden. Die Gewinnung der bekannten *Manganknollen* tritt bereits aus dem Versuchsstadium heraus.

Schon gegenwärtig sind von ganz besonderer Bedeutung die *submarinen Lagerstätten von Erdöl und Erdgas im Schelfbereich*. Der Anteil der Offshore-Förderung an der Gesamtförderung von Erdöl und Erdgas betrug 1980 675 Mill. t bzw. 288 Mrd. m³ oder 22 und 18% und steigt ständig, obwohl der Aufwand für Erkundung, Erschließung und Förderung ein Mehrfaches dessen beträgt, was bei festländischen Lagerstätten aufgewendet werden muß. Bis 1990 soll die Förderung von Erdöl aus dem marinen Bereich auf 850–900 Mill. t ansteigen. Das werden dann mehr als 25% der Weltförderung sein. Aber auch verschiedene

Bereiche der Tiefsee werden als erdöl- und erdgashöffig angesehen. Die Kohlenwasserstoffe sind in jedem Falle mit marinen Phasen der geologischen Geschichte der betreffenden Regionen verknüpft und werden substantiell auf planktonische Organismen zurückgeführt.

Das Meer ist aber nicht nur Lebensmittel- und Rohstoffressource, sondern kann auch *Energie* abgeben. Gezeitenkraftwerke, die die potentielle Energie des Meerwassers bei gehobenem Meeresspiegel nach eingetretener Flut nutzen, sind bereits in Betrieb, müssen jedoch zum Teil noch als Versuche gelten. An Technologien zur Nutzung der großen Energiemengen, die bei den Wellenbewegungen an der Meeresoberfläche umgesetzt werden, wird ebenfalls gearbeitet. Ein praktisch ebenso unbegrenzt großes und nutzbares Energiepotential besteht in den Temperaturunterschieden zwischen der oberflächlichen Warmwassersphäre tropischer Meere und dem kalten Wasser darunter. Aber auch hier gibt es bisher nur Versuchsanlagen.

Das Meer ist der leistungsfähigste und zugleich billigste Verkehrsweg. Jährlich werden etwa $4 \cdot 10^9$ t Seehandelsgüter über Entfernungen von Tausenden von Kilometern transportiert. Der gegenwärtige Welthandel wäre ohne diese Transporte, die mit einem gegenüber dem Landverkehr minimalen Aufwand erfolgen, nicht denkbar.

Neben diesen vielfältigen Möglichkeiten einer mehr oder weniger intensiven Nutzung des Meeres sind seine Randbereiche und die anschließenden Küsten in ständig wachsendem Maße in den menschlichen Lebensraum einbezogen worden. Alljährlich halten sich Millionen von Menschen an den Meeresstränden und in ihrer unmittelbaren Nähe auf, um Heilung von Krankheiten und Erholung zu suchen, die in erster Linie auf ganz spezifischen klimatischen oder heilklimatischen Wirkungen beruhen, die mit dem marinen Milieu verbunden sind.

Die allergrößte Bedeutung jedoch kommt dem Meere im Energie- bzw. Wärmehaushalt der Erde und der Erdatmosphäre zu. Die Albedo der Meeresoberfläche, d. h. ihr Rückstrahl- oder Reflexionsvermögen gegenüber der Sonnenstrahlung, beträgt im Mittel nur etwa ein Drittel bis ein Viertel der entsprechenden Werte für die Festländer. Deshalb erscheinen auf Bildern der Erde aus dem Weltraum die Erdteile viel heller als die Ozeane. Die Strahlungsbilanz des Meeres erreicht in den niederen Breiten das 1,5–2fache der Beträge auf den Festländern. Das bedeutet, daß in den Meeresbereichen ein viel größerer Teil der Strahlungsenergie aufgenommen und in Wärme umgewandelt wird als auf den Festländern. Hinzu kommt, daß die spezifische Wärmekapazität des Wassers 4–5mal so groß ist wie die der Gesteine und der Bodenbedeckung der Festländer, so daß das Meer eine entsprechend größere Wärmemenge speichern kann. Über die Verdunstung gelangen diese Wärmemengen in die Atmosphäre, wo sie über große Entfernungen verfrachtet werden und insbesondere den höheren Breiten zugute kommen. Durch die Oberflächenströmungen des Meeres sowie durch die Tiefenzirkulation erfolgen weitere Wärmetransporte. Ohne das Weltmeer im vorhandenen Ausmaße wäre das Klima der Erde nicht nur wesentlich trockener, sondern auch viel kühler temperiert und regional weniger ausgeglichen.

Zwischen den *meereskundlichen Verhältnissen,* wie sie durch physikalische, chemische und biologische Sachverhalte beschrieben werden, und den *vielfältigen Nutzungsmöglichkeiten* des Meeres als Nahrungsmittel-, Rohstoff- und Energiequelle sowie als Verkehrsweg bestehen naturgemäß sehr *enge Beziehungen.* Darauf beruht die bekannte Tatsache, daß *meereskundliche Grundlagenforschungen* in den meisten Fällen zugleich auch eine große und unmittelbare praktische Bedeutung haben. Nicht zufällig werden gegenwärtig von zehn bis fünfzehn Staaten jährlich etwa 2 Mrd. Dollar für ozeanographische Forschungen aufgewandt. Die Einzelsachverhalte und alle ihre Wirkungen und Wechselwirkungen unterliegen aber fast ausnahmslos auch *geographischen Gesetzmäßigkeiten.* Insbesondere die räumliche Abwandlung und Differenzierung der Gesamtzustände und -wirkungen sind deshalb mit den Mitteln und Betrachtungsweisen von Physik, Chemie und Biologie allein nicht zu erfassen und zu erklären. In dieser Tatsache sind Berechtigung, Nutzen und Notwendigkeit einer geographischen Betrachtung des Meeres begründet. Zahlreiche Sachverhalte und Zusammenhänge werden überhaupt erst durch eine geographische Betrachtung verständlich. Andererseits kommt eine solche geographische Betrachtung nicht an den physikalischen, chemischen und biologischen Grundgegebenheiten und Gesetzmäßigkeiten vorbei, die ihre Grundlage und ihr Ausgangspunkt bleiben. Ihre globale Betrachtung, das heißt die Betrachtung ihrer Wirkungen im Zusammenspiel mit allen anderen beteiligten Faktoren über die gesamte Erde, ergibt eine *allgemeine physisch-geographische Meereskunde.*

Ozeane, Nebenmeere, Mittel- und Randmeere

Während die Wasserflächen des Weltmeeres mehr oder weniger deutlich voneinander getrennte Kontinente umgeben, zeichnen umgekehrt die Kontinente nicht so eindeutig eine Gliederung des Weltmeeres vor. Trotzdem können ohne größere Schwierigkeiten die drei traditionellen Ozeane unterschieden werden: *Atlantischer, Pazifischer* und *Indischer Ozean*. Ihre konkrete Abgrenzung jedoch beruht auf einer Übereinkunft. Die Grenzlinien sind die Meridiane von Kap Hoorn, Kap Agulhas sowie des Südkaps von Tasmanien und eine Linie am Südwestrande der südostasiatischen Inseln. Ebenso konventionell ist die Abgrenzung des Arktischen Ozeans vom Atlantik: der 70. Breitengrad zwischen Baffinland und Grönland sowie eine Linie von Nordostgrönland nach Spitzbergen und zum Nordkap von Norwegen (vgl. Abbildung 4).

Die Randbereiche der Ozeane werden als *Nebenmeere* bezeichnet. Eine besondere Stellung nehmen diejenigen unter ihnen ein, die zwischen zwei Kontinenten liegen. Sie trennen und verbinden diese Kontinente, waren Schauplatz der frühesten Seefahrt und deshalb auch am frühesten genau bekannt. Wegen ihrer charakteristischen Lage hat man sie deshalb als interkontinentale Mittelmeere bezeichnet: Europäisches, Amerikanisches und Austral-asiatisches Mittelmeer. Die übrigen Nebenmeere werden auf Grund ihrer Lage als *Randmeere* bezeichnet. Einige von ihnen werden auch, weil sie weitgehend von Festlandsmassen umgeben sind, als intrakontinentale Mittelmeere aufgefaßt, wie zum Beispiel die Hudsonbucht in Nordamerika, die Ostsee oder das Rote Meer. Die Ozeane sind bei dieser Gliederung nicht nur durch die Verteilung von Land und Meer vorgezeichnete *Hauptteile des Weltmeeres,* sondern vor allem auch wegen ihrer Größe, ihres Salzgehaltes und ihrer eigenen Systeme von Gezeiten, Wellen und Strömungen und nicht zuletzt wegen ihrer geologischen Geschichte als selbständige Einheiten anzusehen. Die Merkmale der Mittelmeere sind vordergründige Merkmale, die Randmeere stellen Rand-

Regionale Gliederung des Weltmeeres	Fläche (in Mill. km²)	Inhalt (in Mill. km³)	Tiefe (in m) Mittel	Maximum
Randmeere:				
Beringmeer	2,26	3,37	1491	4096
Ochotskisches Meer	1,39	1,35	971	3372
Ostchinesisches Meer	1,20	0,33	275	2719
Japanisches Meer	1,01	1,69	1673	4225
Golf von Kalifornien	0,15	0,11	733	3127
Nordsee	0,58	0,05	93	725
St.-Lorenz-Golf	0,24	0,03	125	549
Irische See	0,10	0,01	60	272
Übrige	0,30	0,15	470	—
Summe	7,23	7,09	979	—
Intrakontinentale Mittelmeere:				
Hudsonbucht	1,23	0,16	128	218
Rotes Meer	0,45	0,24	538	2604
Ostsee	0,39	0,02	55	459
Persischer Golf	0,24	0,01	25	170
Summe	2,31	0,43	184	—
Interkontinentale Mittelmeere:				
Australasiatisches Mittelmeer	9,08	11,37	1252	7440
Amerikanisches Mittelmeer	4,36	9,43	2164	7680
Europäisches Mittelmeer	3,02	4,38	1450	5092
Summe	16,46	25,18	1530	—
Ozeane (ohne Nebenmeere):				
Pazifischer Ozean	166,24	696,19	4188	11022
Atlantischer Ozean	71,85	309,28	4291	9219
Indischer Ozean	73,43	284,34	3872	7130
Arktischer Ozean	12,26	13,70	1117	5449
Summe	323,78	303,51	4026	—
Ozeane (mit Nebenmeeren):				
Pazifischer Ozean	181,34	714,41	3490	11022
Atlantischer Ozean	94,31	337,21	3576	9219
Indischer Ozean	74,12	284,61	3480	7455
Arktischer Ozean	12,26	13,70	1117	5449
Summe	362,03	349,93	3730	—

bereiche der Ozeane dar, deren hydrographische Verhältnisse in der Regel mit denen der Ozeane übereinstimmen. Die Tabelle 3 gibt eine Übersicht über Flächen, Inhalte sowie maximale und mittlere Tiefen der Ozeane und ihrer Nebenmeere.

Diese Gliederung des Weltmeeres beruht auf nur wenigen Merkmalen der Größe und Lage und ist deshalb nur formaler Art. Eine geographische Gliederung des Meeres muß vielmehr in erster Linie das Substrat Wasser mit seinen besonderen physikalischen und chemischen Eigenschaften und in seinem flüssigen und festen Aggregatzustand, den Stoff- und Wärme- bzw. Energiehaushalt des Wassers und seine Bewegungszustände berücksichtigen. Weiterhin ist das Klima von großer Bedeutung, weil mit ihm so entscheidende Prozesse wie Strahlung, Wärme- und Stoffaustauschvorgänge sowie das Hauptantriebsmoment für die Oberflächenströmungen des Wassers verbunden sind. Von Wichtigkeit sind schließlich das Relief des Meeresbodens und die Verteilung von Wasser und Land, denn sie bedingen die Großgliederung des Weltmeeres in Ozeane, Neben- und Mittelmeere sowie die Anordnung der Tiefenzirkulation. In enger Abhängigkeit und in Wechselwirkung mit allen diesen Faktoren stehen die biologischen Vorgänge im Weltmeer.

Eine geographische Betrachtung des Weltmeeres geht wie bei den Festländern am zweckmäßigsten von den *Teilkomplexen der allgemeinen Geographie* aus. Eine Gegenüberstellung dieser Komplexe im marinen und terrestrischen Bereich ist aber nur zum Teil möglich. Geologie und Geomorphologie haben ihre Entsprechung in Geologie und Geomorphologie des Meeresbodens, wenn auch mit unterschiedlicher Bedeutung im Rahmen des Gesamtkomplexes. Dem Boden der Festländer läßt sich mit Einschränkungen das Substrat Meerwasser zuordnen, dem Klima in noch unvollkommenerer Weise die Temperatur- und Eisverhältnisse des Meeres sowie das Klima in den Meeresgebieten, der Vegetation und Tierwelt die Gesamtheit der biologischen Verhältnisse im Meer. Keine Entsprechung im terrestrischen Bereich haben die Bewegungen des Wassers in Form von Wellen, Gezeiten, Strömungen und Tiefenzirkulation, die von großer Bedeutung für die ozeanographischen Verhältnisse sind.

Auf den Kenntnissen über diese Teilkomplexe kann dann eine regionale Betrachtung in Form einer geographischen Charakteristik einzelner Meeresgebiete aufbauen, die auch als Landschaften des Meeres bezeichnet werden können. Ihre inhaltliche und regionale Abgrenzung

Tabelle 3
Fläche, Inhalt, mittlere und größte Tiefe der Ozeane und Nebenmeere (nach Dietrich u.a. 1975)

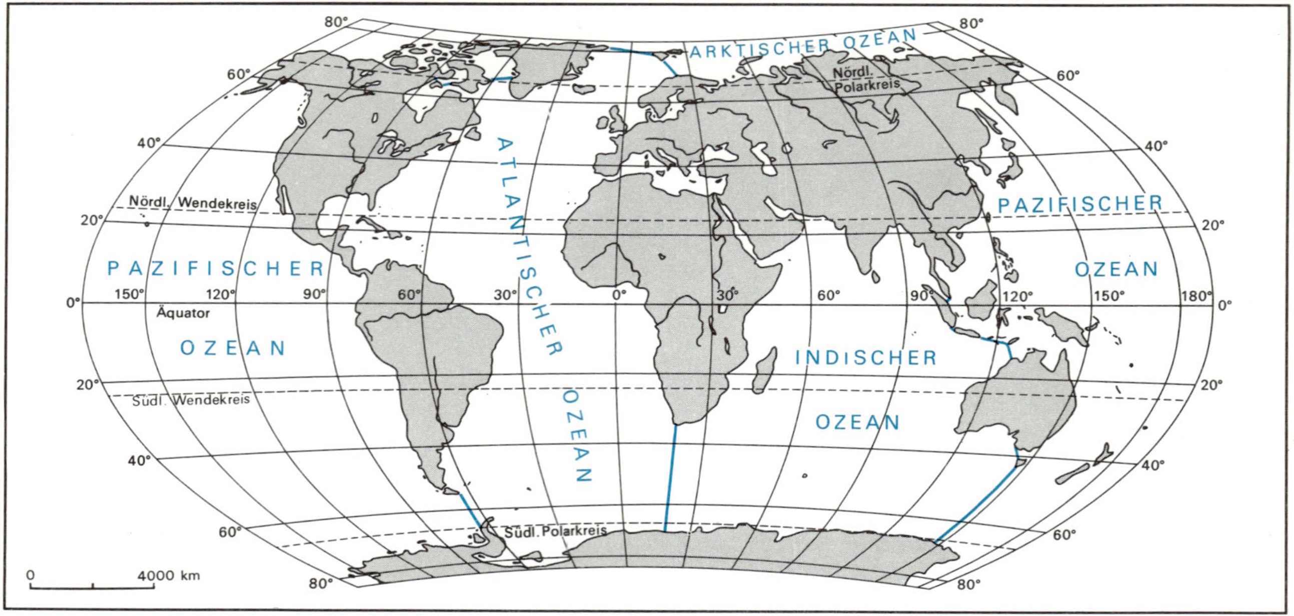

Abbildung 4
Grenzen der Ozeane

ist dann eine Frage des Zweckes, für den eine solche Gliederung bestimmt ist. Sie versucht, so viele Eigenschaften des Meeres wie möglich zu berücksichtigen und zu ihrer Grundlage zu machen. Die Mehrzahl von ihnen ist naturgemäß physisch-geographischer Art, wenn auch die anthropogene Beeinflussung und Veränderung auch im marinen Bereich immer stärker werden.

Das submarine Relief

Die Wassermasse des Weltmeeres bedeckt die tiefsten Bereiche der festen Erdoberfläche. Beide Grenzflächen des Weltmeeres, Oberfläche sowie Meeresboden, sind der Erfassung nicht ohne weiteres zugänglich. Die Meeresoberfläche ist genau erst durch die Vermessung von künstlichen Erdsatelliten aus bekannt geworden, das submarine Relief kaum früher, denn das Netz der Tiefenlotungen, die allein Aussagen über die Formen des Meeresbodens möglich machen, wurde entscheidend erst nach 1950 verdichtet, obwohl das Echolot als rationales Lotungsinstrument bereits 30 Jahre früher bekannt war. Ursprünglich konnte die Tiefe des Meeres nur mit Drahtlotungen festgestellt werden. Eine einzige solche Lotung erforderte im Tiefseebereich mehrere Stunden. Mit dem Echolot werden Laufzeiten von künstlich erzeugten Schallwellen gemessen, die von der Unterseite des Schiffes zum Meeresboden und nach ihrer Reflexion dort zum Schiff zurücklaufen. Unter Berücksichtigung der Dichte des Meerwassers, von der die Ausbreitungsgeschwindigkeit der Schallwellen abhängt, wird leicht die Meerestiefe ermittelt. Echographen als weitgehend automatisierte Geräte erlauben eine ständige Beobachtung und Registrierung der Meerestiefe vom fahrenden Schiff aus.

An die Festländer schließt sich seewärts zunächst ein Flachrelief an, das als *Schelf* bezeichnet wird. Sein Gefälle ist minimal. Mit im Mittel nur 2‰ Neigung fallen die Schelfe meist bis zu einer Tiefe von 200 m ab, dann setzt ein steilerer Abfall zur Tiefsee ein. Dieser Außenrand des Schelfes kann aber auch in Tiefen bis zu 500 m liegen. Der Schelf kann sehr schmal sein, wie beispielsweise um ganz Afrika. Besonders breite Schelfgebiete hingegen säumen Sibirien, Nordwesteuropa, das nordöstliche Nordamerika, Nordaustralien und die Sunda-Inseln. Im einzelnen sind die Schelfe oftmals wie das benachbarte Festland geformt: als fluviales Abtragungsrelief mit Tälern, als glaziales Abtragungsrelief mit Rundhöckern und übertieften Gletscherbecken, als glaziales oder fluvioglaziales Akkumulationsrelief mit Moränen, großen Gesteinsblöcken und Sandern. Häufig sind alte Strandterrassen zu erkennen, in tropischen Gebieten ist der Schelf oft mit Korallenbauten besetzt. Große Teile des Schelfes waren während der Kaltzeiten im Quartär bei einer eustatischen Absenkung des Meeresspiegels um mehr als 100 m Festland. Torflager, prähistorische Funde, Reste von Landtieren und andere Befunde belegen das zum Beispiel für das Gebiet der heutigen Nordsee. Der Meeresspiegel liegt nicht fest, sondern unterliegt den erwähnten eustatischen und tektonisch bedingten Schwankungen und bezeichnet kein markantes Niveau im Gesamtrelief der Erde.

Mit durchschnittlichen Neigungen von etwa 4° oder rund 7% fällt der Meeresboden von den Schelfrändern zur Tiefsee ab. Diese als *Kontinentalabhang* oder Kontinentalabfall bezeichneten Hänge reichen über Höhen- bzw. Tiefenunterschiede von 2 000 bis 10 000 m. Über eine Längserstreckung von rund 350 000 km bilden sie die Flanken der Kontinentalmassen. Sie sind das größte und imposanteste Großformelement der ganzen Erde. Im einzelnen kann man nach den Hangneigungen eine Zweiteilung vornehmen. Am Schelfrand setzt der Abhang zunächst mit Böschungen bis über 10° (18%) ein. In tieferen Regionen werden die Hangneigungen geringer, schließlich geht der Hang in eine flachere Fußregion mit Neigungen um 3° (5%) über. So kommt insgesamt ein konkaves Hangprofil wie unter terrestrischen Bedingungen der Abtragung zustande. Im Atlantik sind die Fußregionen besonders ausgeprägt, im Pazifik hingegen schwächer, hier ziehen stärker geneigte Hänge bis in den Tiefseebereich hinab.

Tektonisch bietet der Kontinentalabhang ein vielfältiges Bild. An seiner Herausbildung waren Hebungen, Senkungen und Flexuren ebenso beteiligt wie Abbrüche, Blockverschiebungen und Aufschiebungen. Hier liegt auch die tektonische Grenze zwischen den Ozeanen und den Festländern, an der die Mohorovičić-Diskontinuität als Untergrenze der Erdkruste kontinentwärts in größere Tiefen absinkt.

Aus zwei Befunden wird ersichtlich, daß auch die geomorphologische Dynamik am Kontinentalabhang stark ist. Während es einerseits sedimentfreie Bereiche gibt, können andererseits Sedimente mit einer Mächtigkeit bis zu 2 000 m, in Einzelfällen auch bis zu 10 000 m den Hang bedecken. Zum zweiten treten neben Vollformen wie Aufschüttungskegeln auch Furchen im Kontinentalabhang auf, deren Erklärung zunächst auf große Schwierigkeiten stieß. Sie werden als submarine Cañons bezeichnet und können in vielem mit Tälern auf dem Festland verglichen werden, mit zahlreichen wichtigen Merkmalen weichen sie aber auch davon ab. Wie Täler auf dem Festlande sind sie gewunden und haben Nebentäler, verschiedentlich sind auch Terrassen erkennbar. In vielen Fällen sind sie offensichtlich auch die submarine Fortsetzung von großen Tälern auf dem Festlande, wie zum Beispiel von Ganges, Indus, Kongo, Hudson, Tejo und Adour. Die Mehrzahl von ihnen hat jedoch keine solche Entsprechung auf dem Festlande. Das ist zum Beispiel vor der Ostküste Nordamerikas, vor den Phillippinen, den japanischen Inseln, Neuguinea, den Aleuten, vor Algerien, der Riviera und vor Senegal der Fall.

An der Entstehung der submarinen Cañons sind in zahlreichen Fällen mit Sicherheit tektonische Vorgänge beteiligt. Akkumulationskegel und -fächer am unteren Ende der Cañons weisen jedoch auf einen beträchtlichen Materialtransport durch die Cañons hin. Aus genauen Vermessungen geht hervor, daß die Akkumulationsmassen weitaus größer sind, als daß ihre Anhäufung nur aus dem ausgeräumten Material der Cañons geklärt werden könnte. Deshalb muß angenommen werden, daß laufend Material durch die Cañons transportiert wird, das nicht aus den Cañons selbst, sondern vom Schelf oder von Flüssen stammt. Als Transportform fand man Trübeströme, die aus der Suspension feinstkörniger Sedimentmassen mit dem Meerwasser entstehen. Diese Trübwässer können Dichtewerte bis zu 2,0 g/cm^3 erreichen und Suspensionsströme mit Mächtigkeiten von mehreren Metern und Geschwindigkeiten bis zu 3 m/s bei 3° Neigung des Kontinentalabhanges verursachen. Diesen Vorgängen muß die Ausräumung der Cañons bis zu Tiefen von Hunderten von Metern zugeschrieben werden. Trübeströme bewirken offensichtlich auch den Transport von Sedimentmaterial über den Schelf hinaus, zumal dort, wo er eine größere Breite hat und eine andere Form des Sedimenttransports kaum denkbar ist. Die Fußregionen des Kontinentalabhanges sind Aufschüttungsbereiche, die Sedimente können hier mehrere Kilometer mächtig werden.

Überwiegend in randlicher Lage der Ozeane bzw. in Kontinentnähe befinden sich die *Tiefseegräben* mit den größten Meerestiefen. Es sind langgestreckte Depressionen des Meeresbodens mit verhältnismäßig steilen Flanken und meist einem unsymmetrischen Querprofil, wobei die steileren Hänge seewärts gerichtet sind. Die Böschungswinkel betragen an ihren Rändern nur 4–8° und entsprechen Gefällswerten von 7–14%, nehmen dann Werte von 10–16° (18–29%) an, bis steilere Böschungen bis zu 45° auf einen ebenen Boden hinunterführen, der Kilometer breit sein kann. Die Tiefseegräben können Längen von 300–4000 km haben, ihr Verlauf ist gestreckt, auch gekrümmt, es kommen auch Knicke um 90° vor. Die Randlage in den Ozeanen ist typisch. Die Mehrzahl von ihnen (26) liegt an der Peripherie der Ozeane. Das trifft für die drei Tiefseegräben im Atlantik zu (Puerto-Rico-Graben, Cayman-Graben und Süd-Sandwich-Graben), für den Sunda-Graben im Indischen Ozean sowie für mehr als 20 Gräben im Pazifik. Auffallend bei diesen Tiefseegräben ist ihre Anordnung parallel zu Inselbögen oder jungen Küstengebirgen. Hier können die maximalen Höhenunterschiede der Kruste über 17000 m betragen. Geophysikalische Untersuchungen haben ergeben, daß die Tiefseegräben von strei-

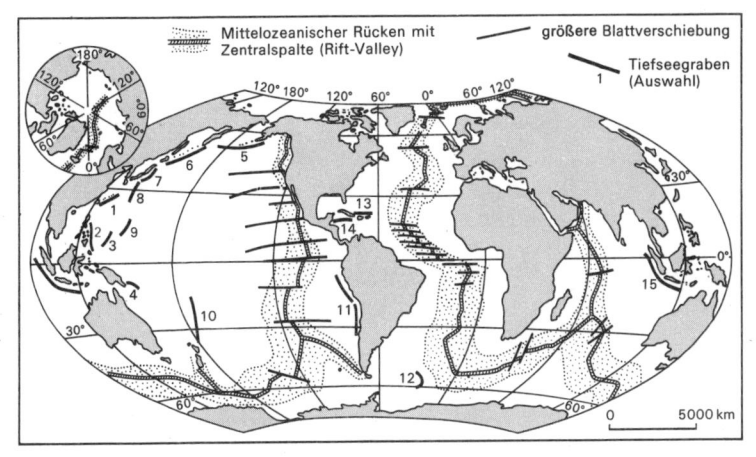

Pazifischer Ozean: 1 Riukiugraben 2 Philippinengraben 3 West-Karolinen-Graben
4 Bougainvillegraben 5 Aleutengraben 6 Kurilengraben
7 Japangraben 8 Boningraben 9 Marianengraben
10 Tonga-Kermadec-Graben 11 Atacamagraben
Atlantischer Ozean: 12 Süd-Sandwich-Graben 13 Puerto-Rico-Graben 14 Caymangraben
Indischer Ozean: 15 Sundagraben

Abbildung 5
Mittelozeanische Rücken und Tiefseegräben
(Auswahl, nach DIETRICH u. ULRICH 1968)

fenförmigen Gebieten negativer isostatischer Schwereanomalien begleitet werden, die ein Massendefizit im oberen Bereich der Erdkruste anzeigen.

Hier finden auch zahlreiche *oberflächennahe Erdbeben* statt. Die Herde tiefer liegender Erdbeben sind auf einer geringmächtigen Schicht angeordnet, die um 30–60° kontinentwärts einfällt. Die Gräben werden ferner von Vulkanreihen flankiert, in den Gräben können große Sedimentmächtigkeiten beobachtet werden, wobei es sich meist um Turbidite handelt. Das sind die Ablagerungen aus Sedimenttransporten durch die beschriebenen Suspensions- oder Trübeströmungen. Alles das deutet darauf hin, daß die Tiefseegräben keine Geosynklinalen sind, wie man ursprünglich angenommen hatte. Sie sind Schauplatz komplizierter tektonischer Bewegungen. Aus den seismischen Beobachtungen wird geschlossen, daß die Tiefseegräben des peripheren Typs die Grenze zwischen der *ozeanischen* und der *kontinentalen Kruste* bezeichnen.

Für die *Tiefsee* war ursprünglich weitgehende Ebenheit angenommen worden, weshalb man sie als Tiefseetafel bezeichnete. Ebene Gebiete machen aber nur etwa 10% des Gesamtareals der Tiefsee aus.

Daneben gibt es Hügelländer, Schwellen und Stufenregionen und schließlich auch eine große Zahl von submarinen Kuppen und Einzelbergen.

Die *Tiefsee-Ebenen* kommen der geometrischen Form einer Ebene sehr nahe. Die Neigungen betragen hier maximal 1‰ oder 1:1000. Sie bestehen aus sortierten Sanden und tonigen Sedimenten und schließen sich in der Regel an den Kontinentalabhang oder an submarine Cañons und Schuttkegel an, wo die Bedingungen für die Sedimentzufuhr erfüllt sind. Auch hier kommen für den Materialtransport nur Trübeströme in Betracht. Im Atlantischen Ozean wurden bisher mehr als 25 solcher Ebenen festgestellt, im Indischen und Pazifischen Ozean scheinen sie weniger häufig aufzutreten. Die Sedimentmächtigkeiten der Ebenen sind groß und erreichen bis zu 10000 m. Die nicht verfestigten Ablagerungen verhüllen ein bewegteres Relief aus peridotitartigem Material. Ebenen kommen auch im Bereich von Tiefseegräben vor, wo sie deren Böden bilden. Die Gräben spielen offensichtlich die Rolle von Sedimentfängern.

An die Tiefsee-Ebenen schließen sich seewärts *Tiefsee-Hügelländer* an. Die Höhen der einzelnen Hügel schwanken zwischen wenigen Metern und Hunderten von Metern, ihre Basisflächen können Durchmesser bis zu mehreren Kilometern erreichen. Wahrscheinlich handelt es sich hier um das ursprüngliche Relief des Tiefseebodens, das in den Tiefsee-Ebenen von Sedimenten verhüllt ist. Auf den Gipfeln der Hügel liegt nur ein dünner Schleier pelagischer Sedimente bis zu maximal 400 m Mächtigkeit.

Tiefseeschwellen sind langgestreckte Erhebungen, die den Tiefseeboden um Beträge bis zu 4000 m überragen, 4000 km lang werden und bis zu 150 km Breite erreichen. Bekannte Beispiele sind im Atlantik der Alpha-, Lomonossow- und der Walfischrücken sowie der Grönland-Schottland- und der Rio-Grande-Rücken, im Indischen Ozean der Kerguelen- und der Malediven- sowie der östliche Indische Rükken und im Pazifik der Imperator- und der Tuamotu-Rücken. Die Tiefseeschwellen bewirken eine Kammerung der Tiefsee in einzelne Becken und Schwellen und haben eine große Bedeutung für die Ausbreitung bzw. Behinderung von Bodenströmungen. Ihr wichtigstes geophysikalisches Merkmal ist, daß sie seismisch nicht aktiv sind.

Stufenregionen sind Erhebungen mit Ausmaßen bis zu 2000 × 100 km, die aus asymmetrischen Rücken und Senken mit Stufenhöhen bis zu 1000 m bestehen. Sie sind typisch für den östlichen Pazifik, wo 8 solcher Stufen auf Großkreisen angeordnet sind.

Als *Sonderformen* werden untermeerische Kuppen und Einzelberge bezeichnet, die den Ozeanboden um Beträge bis zu 8000 m überragen. Meist erscheinen sie in Gruppen von 10 bis 100 Exemplaren zu Ketten angeordnet. Einzelberge von der Form eines Kegelstumpfes werden nach ihrem Entdecker, dem Schweizer Naturforscher ARNOLD

GUYOT als Guyots bezeichnet. Es sind Vulkankegel, deren Gipfel eingeebnet sind. Die Gipfelplateaus können bis zu 25 km Durchmesser erreichen, sie liegen bis zu 1 000 m unter dem Meeresspiegel. Brandungsgerölle und Riffkorallenbauten auf den Gipfelplateaus belegen eine Einebnung im Niveau des Meeresspiegels und ein späteres Absinken. Dieses Absinken kann als isostatischer Vorgang verstanden werden. Dafür sprechen auch ringförmige Einsenkungen des Meeresbodens um die Guyots. Aber ihre heutige Tieflage ist daraus nicht zu erklären.

Noch um 1850 hatte man angenommen, das Relief der Tiefsee sei im wesentlichen flach. Später wurde bei der Verlegung transozeanischer Kabel festgestellt, daß der Atlantik von einem hohen submarinen Gebirge durchzogen wird. Die deutsche „Meteor"-Expedition (1925–1927) erbrachte dann den Beweis, daß dieser Gebirgszug auch im Südatlantik vorhanden ist. Mit seiner Entdeckung auch im Indischen und Pazifischen Ozean war schließlich erwiesen, daß diese *Mittelozeanischen Rücken* zum Bestand aller Ozeane gehören. Gleich dem Kontinentalabhang sind die mittelozeanischen Rücken ein Großformenelement erster Ordnung im Gesamtrelief der Erdkruste. Ihre relativen Höhen betragen 2 000–3 000 m, ihre Breite 700–2 000 km, die Gesamtlänge erreicht rund 80 000 km, womit sie jedes Gebirge auf den Festländern übertreffen. Als zusammenhängendes Gebirgssystem beginnen die mittelozeanischen Rücken bereits im Arktischen Ozean, durchziehen den gesamten Atlantik, den Indischen Ozean sowie den südlichen und südwestlichen Pazifik. Auffallendstes Merkmal der mittelozeanischen Rücken ist eine Zentralspalte, 20–50 km breit, viele hundert Meter tief und Hunderte von Kilometern lang. Verschiedentlich kann sie auch fehlen, wie zum Beispiel beim Reykjanesrücken südwestlich von Island. An die Zentralspalte schließen sich nach beiden Seiten Kammregionen bis zu 1 000 km Breite an, die bis zu 4 000 m unter dem Meeresspiegel liegen. In ihrem Bereich liegen die meisten ozeanischen Inseln. Die Kammregionen sind orographisch reich gegliedert. Sie werden begleitet von Flankenregionen, die ebenfalls große Breiten erreichen und in Stufen zu den Tiefseehügelregionen überleiten. Die Meerestiefe beträgt hier meist mehr als 3 000 m. An zahlreichen Bruchzonen im äquatornahen Atlantik, im Indischen Ozean und im Nordostpazifik ist der Gesamtkomplex der mittelozeanischen Rücken annähernd senkrecht zu seiner Längserstreckung um erhebliche Beträge verschoben. Die Abbildung 6 zeigt am Beispiel des Atlantik die Anordnung der Großformen des Meeresbodens.

Diese zunächst nur geomorphologischen Befunde sind in wirksamer Weise durch Untersuchungen der marinen Geophysik ergänzt worden. Auf ihrer Grundlage ist auch eine geschlossene Deutung der Formen in ihrer Genese und ihrer Zusammenhänge mit dem geologisch-tektonischen Geschehen möglich geworden. Die Zentralspalte und der

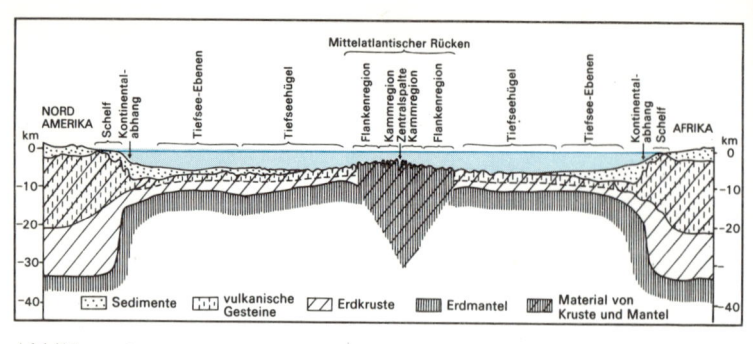

Abbildung 6
Schematisches Profil durch den Untergrund des Nordatlantischen Ozeans (nach HEEZEN, THARP u. EWING 1959)

Kamm des Rückensystems sind seismisch und vulkanisch sehr aktiv. Sie sind der Schauplatz häufiger Erdbeben mit flachgelagerten Herden. Der Wärmefluß ist abnormal hoch und konzentriert sich auf eine maximal 50 km breite Zone. In den Flankenregionen ist er hingegen abnormal niedrig. Gravimetrisch ist das Rückensystem nahezu ausgeglichen. Die magnetischen Anomalien erreichen über der Zentralspalte höchste Werte. Sie sind in etwa 20 km breiten Streifen angeordnet. Die seismische Geschwindigkeit ist verhältnismäßig klein. Aus refraktionsseismischen Untersuchungen geht hervor, daß sich die Krustenstruktur unter den mittelozeanischen Rücken deutlich von der im übrigen Ozean unterscheidet. Ozeanische Sedimente fehlen in der Kammregion fast vollständig. Es herrschen vielmehr wenige Gesteinstypen vor: basische Magmatite, Peridotite und Serpentinite, deren Chemismus sich von allen anderen Basaltgruppen unterscheidet. Das gesamte Riftsystem ist eine mobile Zone zwischen starreren Teilen der Erdkruste.

Diese Erkenntnisse haben zusammen mit einer Reihe anderer Befunde insbesondere aus dem Bereiche der Tiefseegräben die Grundlagen für eine neue Theorie der *Großschollentektonik* geliefert, die als Modifizierung und Weiterentwicklung der *Kontinentaldrifttheorie* aufgefaßt werden kann und als *Plattentektonik* bezeichnet wird. Grundgedanke dieser Vorstellungen ist die Annahme, daß die 50–100 km mächtige Kruste der Erde in eine Reihe starrer Großschollen gegliedert ist, die sich gegeneinander bewegen, wobei drei Bewegungsrichtungen denkbar sind. Die Schollen können aneinander vorbeigleiten: Das Ergebnis sind Blattverschiebungen. Die Schollen können sich gegeneinander bewegen: In diesem Falle erfolgt ein Über- bzw. Untereinanderschieben in das Substrat des Erdmantels hinein. Geomorpho-

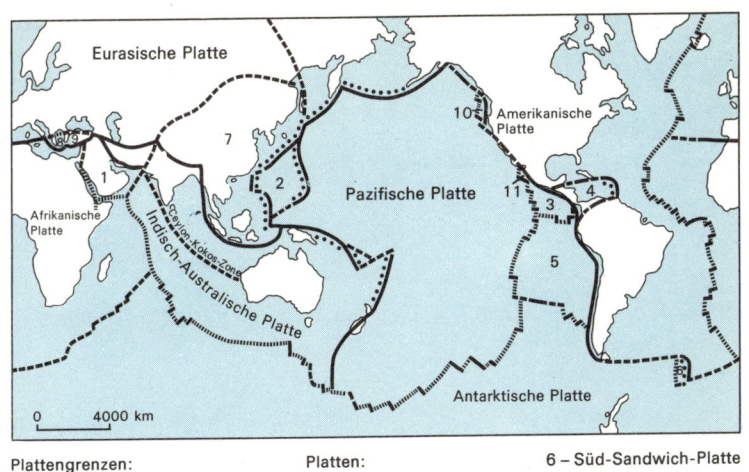

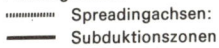

Plattengrenzen:
.... Spreadingachsen:
―――― Subduktionszonen
–·–·– Transformstörungen
– – – – Charakter unsicher
Vulkanische Inselbögen

Platten:
1 – Arabische Platte
2 – Philippinen-Platte
3 – Kokos-Platte
4 – Karibische Platte
5 – Ostpazifische Platte
6 – Süd-Sandwich-Platte
7 – Südasiatische Platte
8 – Ägäische Platte
9 – Türkische Platte
10 – Juan de Fuca-Platte
11 – Rivaer-Platte

Abbildung 7
Plattengrenzen der Lithosphäre
(nach SCHROEDER 1971)

logisch sichtbarster Ausdruck dieses Vorganges sind die *Tiefseegräben.* Rezent finden solche Vorgänge an den Rändern des Pazifik statt, wo die Subduktionszonen mit ihren Tiefseegräben von vulkanisch und seismisch sehr aktiven Inselbögen begleitet werden. Driften schließlich als dritte Möglichkeit zwei Schollen auseinander, wird in der zwischen ihnen entstehenden Lücke neue Kruste gebildet. Sie besteht aus Material aus dem Erdmantel sowie aus der Kruste. Sie erhebt sich über den Boden der Tiefsee und tritt als langgestreckter mittelozeanischer Rücken in Erscheinung. Auf diese Weise erfolgt eine Ausweitung des Ozeanbodens (Sea Floor Spreading). Die Schollen werden als Platten bezeichnet, die gesamte Theorie als *Plattentheorie.*

Diese Theorie liefert nicht nur für eine große Zahl von Einzelbefunden eine plausible Erklärung, sondern wird auch durch zahlreiche Beobachtungen gestützt. Zu ihnen gehören die durch die moderne submarine Bohrtechnik vom Schiff aus bekannt gewordene Verteilung und Altersstellung der marinen Sedimente. Die Sedimentmächtigkeiten nehmen von den Festländern her ab, schließlich fehlen sie in den zentralen Bereichen der mittelozeanischen Rücken ganz. In derselben Richtung nimmt das Alter der Sedimente ab. Im Atlantik liegen die ältesten Sedimente (Unterer Malm) bei den Bermuda-Inseln und bei

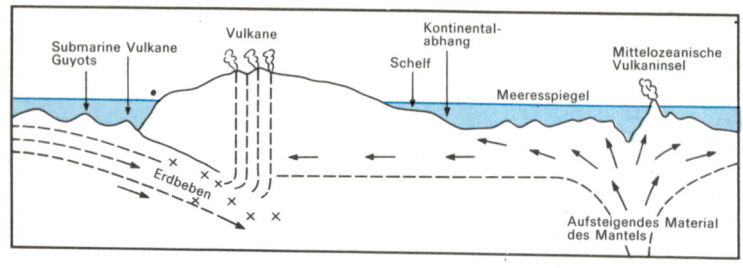

Abbildung 8
Vereinfachtes Schema der Entstehung neuer Kruste und der Subduktion einer Platte (nach GROSS 1977)

den Kanarischen Inseln, gegen den mittelatlantischen Rücken hin werden sie immer jünger. Eine weitere Stütze erhielt die Plattentektonik durch die Ergebnisse erdmagnetischer Messungen. Sie besagen in diesem Zusammenhang, daß die magnetischen Anomalien in Streifenform parallel zur Längserstreckung der Zentralspalten angeordnet sind. Diese streifenförmige Anordnung findet ihre Erklärung in der wiederholt erfolgten raschen Umkehr des erdmagnetischen Feldes in der Erdgeschichte. Die eisen- und titanhaltigen Gesteine, die bei hohen Temperaturen unmagnetisch sind, wurden bei ihrer Abkühlung unter die Curietemperatur von etwa 650 °C in der Richtung des jeweiligen erdmagnetischen Feldes permanent magnetisiert. Das Bild der Streifen verschieden gerichteter Magnetisierung ist ein Abbild der Vorgänge in der Erdgeschichte: des Zuwachses neuer Kruste im Bereich der Zentralspalte, ihrer Magnetisierung in verschiedenen Richtungen und ihrer Bewegung senkrecht zur Zentralspalte. Aus der Zeitskala der Umkehrungen und den Abständen der Anomaliestreifen wurde eine *Ausweitungsgeschwindigkeit des Ozeanbodens* von 1,0 bis 5,0 cm/Jahr ermittelt. In Einzelfällen ergaben sich auch wesentlich größere Werte. Aus allen diesen Befunden wurde geschlußfolgert, daß es keinen Uratlantik gegeben hat, der Atlantik vielmehr nicht länger als seit der oberen Kreidezeit existiert. Damals begann seine Öffnung, und es konnten die ersten marinen Sedimente im Atlantik entstehen. Aus dem Weiterwachsen des Atlantik entwickelte sich ihre heutige randliche Lage an den Küsten der Kontinente. Verständlich wird aus diesem Zusammenhang auch die Lage, die Verteilung und die Höhenlage der heutigen Guyots bzw. ihrer Gipfelplateaus. Unter Berücksichtigung dieses theoretischen Konzepts ergibt sich die folgende Klassifikation und Gruppierung der Großformen des Meeresbodens (s. Tabelle 4).

Die weitere Erforschung des submarinen Reliefs, seiner Einzelzüge und insbesondere seiner Dynamik ist eine große geographische Auf-

Tabelle 4
Klassifikation der Großformen des Meeres (nach Heezen und Wilson 1968)

Kontinentalränder	Schelfe
	Kontinentalabfälle
	Fußregionen
	Tiefseegräben
Tiefseebecken	Tiefsee-Ebenen
	Tiefseehügel
	Tiefseeschwellen
	Stufenregionen
Sonderformen	Kuppen und ozeanische Inseln
Mittelozeanische Rücken	Zentralspalten
	Kammregionen
	Flankenregionen

gabe, die keineswegs nur von wissenschaftlicher Bedeutung ist. Aus diesem Studium ist für die Geologie ein Erkenntniszuwachs entstanden, der den grundlegenden Wandel in den Auffassungen zum Mobilismus begünstigt und in vieler Hinsicht geradezu revolutionierend gewirkt hat. Was für meereskundliche Forschungen nahezu ausnahmslos festgestellt werden kann, nämlich daß die gesamte Forschung auf diesem Gebiet eine erstaunlich große direkte praktische Bedeutung hat, gilt auch für die Erforschung des submarinen Reliefs. Bereits die ersten Erkundungen waren bei der *Verlegung transozeanischer Kabel* von großer praktischer Bedeutung. In ungleich stärkerem Maße gilt das jetzt für die Verteilung der marinen Sedimente, die immer mehr in das Blickfeld der Lagerstättenforschung rücken, in zahlreichen Fällen bereits als wichtige Lagerstätten erkannt sind und das bisherige Bild der Erzressourcen auf der Erde grundlegend zu verändern im Begriff stehen. Wichtige Anhaltspunkte für die Verteilung dieser Sedimente aber liefern insbesondere die submarinen Oberflächenformen.

Geographisches Institut
der Universität Kiel
Neue Universität

Das Meerwasser

Der Stoffgehalt

Eine der wichtigsten Eigenschaften des Meerwassers ist sein *Salzgehalt* *(S)*. Darunter wird die Gesamtmenge aller gelösten Salze in g/kg Meerwasser verstanden. Er beträgt für das gesamte Weltmeer im Mittel 34,72 bzw. rund 35‰. In 1 kg Meerwasser sind 35 g Salze enthalten. Als Gesamtmenge aller Salze im Meer ergeben sich daraus $4,861 \cdot 10^{16}$ t. Diese Salzmenge würde ausreichen, um den Meeresboden mit einer Salzschicht von 62 m Mächtigkeit zu bedecken.

Der Salzgehalt ist in zweierlei Hinsicht konstant. Bereits auf der Challenger-Expedition (1872–1876) fand man, daß der Salzgehalt im gesamten Weltmeer nur um wenige Promille schwankt. Ausgenommen von dieser Konstanz des Salzgehaltes sind nur Nebenmeere mit besonderen Bedingungen ihres Wasserhaushaltes und einem behinderten Austausch ihrer Wassermassen mit den offenen Ozeanen. Im Roten Meer und im Persischen Golf, wo die Verdunstung besonders hoch ist, werden 40‰ erreicht, im Mittelmeer 37 bis 39‰. In der Ostsee hingegen mit wesentlich schwächerer Verdunstung, aber hohen Niederschlägen und starken Zuflüssen vom Festland sinkt er bis auf 5‰ und weniger im Finnischen Meerbusen ab. Ähnlich sind die Verhältnisse in der Hudsonbucht. Im übrigen werden aber regionale Unterschiede im Salzgehalt offenbar verhältnismäßig rasch durch Vermischungsvorgänge immer wieder ausgeglichen.

NaCl	28,014 kg/m^3	K$_2$SO$_4$	816,30 g/m^3
MgCl	3,812 kg/m^3	CaCO$_3$	122,06 g/m^3
MgSO$_4$	1,752 kg/m^3	KBr	101,26 g/m^3
CaSO$_4$	1,283 kg/m^3	SrSO$_4$	28,24 g/m^3
		H$_3$BO$_3$	27,68 g/m^3

Tabelle 5
Hauptbestandteile des Meerwassers in Salzform (nach Kalle 1943)

Element		mg/l
Wasserstoff	H	108 000
Lithium	Li	0,17
Bor	B	4,6
Kohlenstoff	C	28
Stickstoff	N	0,5
Sauerstoff	O	857 000
Fluor	F	1,3
Neon	Ne	0,0001
Natrium	Na	10 721
Magnesium	Mg	1 350
Aluminium	Al	0,01
Silizium	Si	3,0
Phosphor	P	0,07
Schwefel	S	901
Chlor	Cl	19 000
Argon	A	0,6
Kalium	K	398
Kalzium	Ca	410
Skandium	Sc	0,00004
Titan	Ti	0,001
Vanadium	V	0,002
Chrom	Cr	0,00005
Mangan	Mn	0,002
Eisen	Fe	0,01
Kobalt	Co	0,0001
Nickel	Ni	0,002
Kupfer	Cu	0,003
Zink	Zn	0,01
Gallium	Ga	0,00003
Germanium	Ge	0,00006
Arsen	As	0,003
Selen	Se	0,0004
Brom	Br	67
Krypton	Kr	0,0003

Element		mg/l
Rubidium	Rb	0,12
Strontium	Sr	7,7
Yttrium	Y	0,0003
Niobium	Nb	0,00001
Molybdän	Mo	0,01
Silber	Ag	0,00004
Kadmium	Cd	10,00011
Indium	In	0,02
Zinn	Sn	0,0008
Antimon	Sb	0,0005
Jod	J	0,06
Xenon	Xe	0,0001
Zäsium	Cs	0,0005
Barium	Ba	0,03
Lanthan	La	0,000012
Neodym	Nd	0,00092
Wolfram	W	0,0001
Quecksilber	Hg	0,00003
Thallium	Tl	0,00001
Blei	Pb	0,00003
Wismut	Bi	0,00002
Thorium	Th	0,00005
Uran	U	0,003

Tabelle 6
Zusammensetzung des Meerwassers
in mg/l bei einem Chloridgehalt
von 19 000 mg/l
(nach Goldberg 1965 und Culkin 1965)

Eine Konstanz des Salzgehaltes ist aber vor allem hinsichtlich seiner Zusammensetzung gegeben. Seine Hauptbestandteile zeigt die Tabelle 5.

Zusammen mit dem Wasserstoff und Sauerstoff sind es also nur 13 Elemente, die das Weltmeer und seinen Salzgehalt zusammensetzen. Wegen dieser Konstanz seiner Zusammensetzung genügt es bei

	Atmosphäre		Wasser S = 35‰			
	cm³/l	vol. %	0 °C cm³/l	vol. %	10 °C cm³/l	vol. %
Stickstoff	780,9	78,09	14,04	61,2	11,72	62,6
Sauerstoff	209,5	20,95	8,04	35,1	6,41	34,2
Argon	9,3	0,93	0,41	1,8	0,31	1,6
Kohlendioxid	0,3	0,03	0,44	1,9	0,31	1,6

(Die Sättigungswerte des Kohlendioxids sind auf eine Kochsalzlösung von 35 ‰ Salzgehalt bezogen.)

der Bestimmung des Salzgehaltes, den Anteil einer einzigen dieser Komponenten zu ermitteln, um daraus den gesamten Salzgehalt rechnerisch zu ermitteln. Mit einem einfachen titrimetrischen Verfahren, das auch unter den schwierigen Arbeitsbedingungen auf einem Forschungsschiff auf hoher See angewandt werden kann, läßt sich leicht der Chloridgehalt des Meerwassers bestimmen, wobei gleichzeitig eine Genauigkeit der Salzgehaltsbestimmung von 0,02‰ erreicht wird. Dieselbe Genauigkeit wird auch bei in-situ-Messungen mit Salinometern erzielt, mit denen der Salzgehalt als Funktion der spezifischen elektrischen Leitfähigkeit bestimmt wird. Im Labor kann mit diesem Verfahren die Genauigkeit verzehnfacht werden.

Mit den in der Tabelle 5 angeführten Salzen erschöpft sich jedoch der Stoffgehalt des Meeres nicht. Die Tabelle 6 gibt eine vollständigere Übersicht über die Zusammensetzung des Meerwassers.

Weitere 24 Stoffe konnten bisher im Meerwasser nachgewiesen werden, allerdings in zum Teil nur minimalen Konzentrationen, weshalb alle diese Bestandteile, die zusammen mit weniger als 1 mg/l Meerwasser vertreten sind, als Spurenelemente bezeichnet werden. Mit einem Anteil von zusammen weniger als 5 mg/kg Meerwasser machen sie noch nicht 0,015‰ des gesamten Salzgehaltes aus. Wahrscheinlich sind alle chemischen Elemente im Meerwasser vertreten, auch wenn ihr Nachweis bisher noch nicht gelungen ist. Die Konstanz des Salzgehaltes ist jedoch nur für die erwähnten Hauptkomponenten gegeben. Die Bedeutung der Spurenelemente liegt auf geochemischem und biologischem Gebiet.

Neben den Salzen und Spurenelementen enthält das Meerwasser auch atmosphärische Gase (s. Tabelle 7). Sie entstammen in erster Linie der Atmosphäre, sicherlich auch dem Erdinneren aus submarinen Exhalationen und Vulkanausbrüchen sowie aus Stoffumsetzungen im Meerwasser selbst. Ihr Gehalt im Meerwasser in gelöster Form steht im Gleichgewicht mit der gasförmigen Phase in der Atmosphäre. Am

0°C cm³/l	vol. %	30°C cm³/l	vol. %
0,18	63,6	9,08	65,1
5,35	33,4	4,50	32,2
0,25	1,6	0,21	1,5
0,23	1,4	0,18	1,2

Tabelle 7
Konzentration der wichtigsten atmosphärischen Gase in der Atomsphäre und im Meerwasser (reduziert auf trockene Atmosphäre bei 1013 mbar und 0°C, Meerwasser mit S= 35 ‰)
(nach Kalle 1943)

Verhalten dieser Gase wird der chemische Systemcharakter des Meeres besonders deutlich. Der Stickstoff steht mit dem Meer auf Grund der physikalischen Gasgesetze in Wechselwirkung. Der atmosphärische Sauerstoff ist nach seinem Eintritt in das Meer intensiv an biologisch-chemischen Stoffwechselvorgängen beteiligt. Das Kohlendioxid steht mit dem im Meerwasser gelösten Karbonat und Hydrogenkarbonat in einem wechselseitigen Gleichgewicht.

Organische Substanzen bzw. gelöste organische Substanz, berechnet als Kohlenstoff, sind im Weltmeer mit etwa 1 mg/l vertreten. Dabei handelt es sich um Kohlenhydrate, Fette und Aminosäuren, die wichtige biologische Aufbaustoffe sind. Neben den in Lösung befindlichen Substanzen enthält das Meerwasser schließlich auch suspendierte Teilchen der verschiedensten Stoffe. In feinster Verteilung ihrer Teilchen liegt die Trübe vor, die aus mineralischen Stoffen, aus den Überresten abgestorbener Organismen und aus Plankton besteht.

Der Stoffhaushalt des Meeres

Der Stoffbestand des Meerwassers ist der grundlegende Komplex des marinen physisch-geographischen Milieus. Alle seine Bestandteile unterliegen einer Dynamik in der Form von Stoffkreisläufen. Austauschvorgänge mit der Atmosphäre, mit dem Festland sowie dem Meeresboden werden als äußere Kreisläufe aufgefaßt, die Stoffumsetzungen innerhalb des Meeres als innere Kreisläufe.

Der sinnfälligste äußere Kreislauf ist der *Wasserkreislauf.* Er beginnt mit der jährlichen Verdunstung einer Wassermenge, die das Sechsfache der Menge ausmacht, die über den Festländern verdunstet. Die Tabelle 8 gibt eine Übersicht über die Jahreswerte für Niederschlag, Verdunstung und Abfluß nach den Berechnungen von Lvovitch.

	Landflächen 148 · 10⁶ km²
N	101 · 10³ km³ = 68,2 cm
A	29 · 10³ km³ = 19,6 cm
V	72 · 10³ km³ = 48,6 cm

	Meeresflächen 362 · 10⁶ km²
N	411 10³ km³ = 113,5 cm
A	—
V	440 · 10³ km³ = 121,5 cm

	Erde 510 · 10⁶ km²
N	512 · 10³ km³ = 100,4 cm
A	—
V	512 · 10³ km³ = 100,4 cm

Tabelle 8
Jahreswerte für Niederschlag, Abfluß und Verdunstung über den Land- und Meeresflächen (nach Lvovitch 1971)

In der Atmosphäre ist eine Wassermenge von etwa 14 000 km³ enthalten. Sie würde für die Niederschläge im Amazonasgebiet im Laufe eines Jahres ausreichen. Die Gesamtmenge der Niederschläge der ganzen Erde beträgt aber jährlich etwa das 36fache dieser Wassermenge. Das bedeutet, daß ein 36facher Umschlag dieser Wassermenge im Jahr erfolgen muß. Voraussetzung dafür ist eine *Verdunstung* entsprechenden Ausmaßes, die in erster Linie *über den Ozeanen* stattfindet. Die Wasserumsätze im gesamten Meer setzen sich aus den Umsätzen zwischen Ozean und Atmosphäre (Verdunstung und Niederschlag), zwischen Eisbildung und Abschmelzvorgängen, aus Vermischung sowie aus dem Abfluß von den Festländern zusammen. Eisbildung und -schmelze sowie Zufuhren und Verluste durch Strömungen und Vermischung heben sich zum Teil als Größen des inneren Kreislaufes bei Berechnungen des Wasserhaushaltes auf, so daß der Wasserumsatz in erster Linie durch Verdunstung und Niederschlag bestimmt ist. Die Abbildung 9 vermittelt eine Übersicht über die zonale Verteilung der Verdunstung und des Niederschlags. Die Flächenanteile der Fünfgradfelder sind proportional ihrer wirklichen Größe gezeichnet. Die Flächen der Säulen sind deshalb proportional den dargestellten Werten von Niederschlag und Verdunstung. Die regional nach geographischen Gesetzmäßigkeiten geordnete Verteilung der entscheidenden Wasserhaushaltsgrößen ist offenkundig. In den hohen Breiten der Polargebiete ist die Verdunstung in Ermangelung dazu notwendiger Wärmemengen und wegen der bei niedrigen Temperaturen der Luft sehr kleinen Aufnahmefähigkeit von Wasserdampf gering. Von dort steigen die

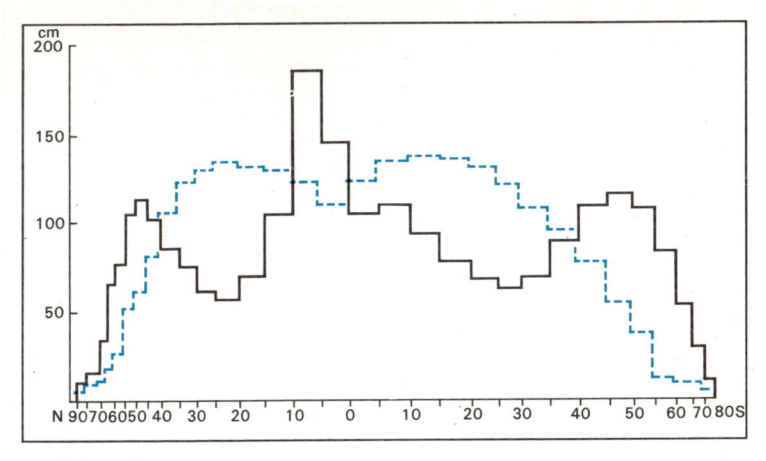

Abbildung 9
Zonale Verteilung von Niederschlag (volle Linien) und Verdunstung (gestrichelt) über dem Meere (Fünfgradfelder, nach den Werten von WÜST, BROGMUS u. NOODT 1954)

Werte bis zu einem Maximum in den Passatregionen an, wo auch die Einstrahlung am stärksten ist. In den äquatornahen Gebieten ist die Verdunstung etwa nur so stark wie zwischen 30 und 40 Grad nördlicher und südlicher Breite. Die wichtigsten Verdunstungsgebiete liegen im Atlantik zwischen den Antillen und den Azoren sowie zwischen 18° südlicher Breite und 30° westlicher Länge, im Indischen Ozean zwischen Madagaskar und Westaustralien, im Pazifik in 25° nördlicher Breite und 180° westlicher Länge sowie in 20° südlicher Breite und 120° westlicher Länge. Mehrere Umstände bewirken hier besonders in den jeweiligen Sommermonaten mit dem Höchststand der Sonne eine starke Einstrahlung, geringe Niederschlagstätigkeit und damit verknüpft eine geringe Luftfeuchtigkeit. Die Abbildung 10 gibt eine entsprechende Übersicht.

Insgesamt sind in der zonalen Verteilung der Verdunstung die Klimazonen wiederzuerkennen. Besonders hoch ist sie in den subtropischen Regionen durch die Advektion relativ trockener Luft über warmem Meerwasser. In Äquatornähe ist sie schwächer, eine Folge der hohen Luftfeuchtigkeit und der schwachen Windbewegung. Die schwache Verdunstung in den hohen Breiten ist eine Folge der niedrigen Temperaturen.

Wie dem Diagramm der Abbildung 9 leicht zu entnehmen ist, ist die Differenz Verdunstung minus Niederschlag im Mittel des gesamten Meeres in 10–40° nördlicher und südlicher Breite positiv. Hier

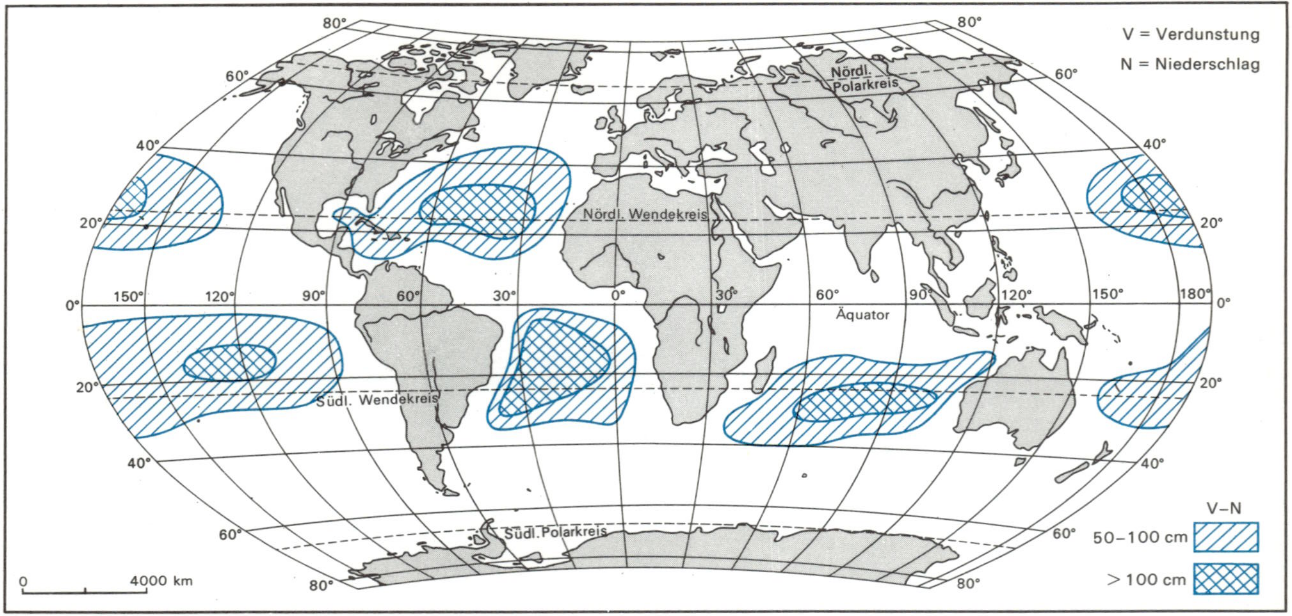

Abbildung 10
Meeresgebiete stärkster Verdunstung

verdunstet mehr Wasser aus dem Meere, als mit dem Niederschlag zurückkehrt. Würde zum Beispiel diese starke Verdunstung zwischen den Antillen und den Azoren nicht durch den Zustrom von Wasser kompensiert, würde hier der Meeresspiegel im Laufe eines Jahres um etwa 1 m absinken. Dieses Verhältnis von Verdunstung und Niederschlag kehrt sich erst polabwärts ab 40° Breite um. Diese Regionen weisen trotz rasch abfallender Intensität der Verdunstung das zweite Maximum der Niederschläge nach dem äquatorialen Bereich auf. Zwischen 40 und 70° nördlicher und südlicher Breite übersteigen die Niederschläge die Verdunstung im Jahr um etwa 400 mm, hier würde ohne einen Massenausgleich der Meeresspiegel ansteigen. Die entsprechenden Wassermengen werden aus den Regionen hoher Verdunstung in den niederen Breiten durch die atmosphärische Zirkulation zugeführt. Dieser Sachverhalt ist von großer Bedeutung für den Salzgehalt des Oberflächenwassers des Meeres.

Die Differenz Verdunstung minus Niederschlag ist auch für die Festländer negativ. Auch dorthin erfolgt ein Transport erheblicher Wassermengen in der Form von Wasserdampf zur Deckung dieses Defizits. Erst durch diese Zufuhr kommt der Abfluß von den Festländern zustande, der nach neueren Berechnungen im Jahresmittel etwa 316 mm beträgt, denen eine Wassermenge von 46 870 km^3 entspricht. Mit diesem Rückstrom des Wassers von den Festländern werden gleichzeitig große Stoffmengen in das Meer transportiert. Der klastische Anteil der Flußfracht wird in erster Linie auf den Schelfen abgelagert, nur ein kleiner Anteil gelangt über den Kontinentalabhang hinaus in den Bereich der Tiefsee. Für den Stoffhaushalt des Meeres wichtiger ist die *Zufuhr gelöster Stoffe*. Sie erreicht jährlich den Betrag von $2,7 \cdot 10^9$ t. Die im Meer enthaltene Salzmenge beträgt rund $4,86 \cdot 10^{16}$ t. Die jährlich neu hinzukommende Menge ist im Verhältnis dazu viel zu gering, als daß sie feststellbar wäre. Unter der Voraussetzung, daß kein Salz aus dem Meere ausgeschieden wird, würde jene Menge eine Erhöhung des Salzgehaltes um 0,000054 ‰ bewirken. Für die letzten 100 Jahre seit der Challenger-Expedition ist keine Erhöhung des Salzgehaltes festgestellt worden. Geht man jedoch von geologischen Zeiträumen aus, dann erscheint die jährliche Salzzufuhr sehr groß, denn durch sie würde sich der Salzgehalt des Meeres im Laufe von nur 20 Mill. Jahren verdoppeln. Dieser Vorgang müßte sich im Laufe der Erdgeschichte mehrmals wiederholt haben. Der Charakter der marinen Sedimente, ihr Fossilgehalt sowie geologische Überlegungen legen aber den Schluß nahe, daß die chemisch-mineralogische Situation im Meere geologische Zeiträume hindurch keine wesentliche Veränderung erfahren hat. Der Anteil mariner Kalksedimente an der Gesamtmenge der Sedimente hat sich nicht verändert, die Pufferung in Bezug auf das Kohlendioxid ist groß, sie muß gegeben gewesen sein, seitdem es Kalksedimente gibt. Ein Kohlendioxidverlust größeren Ausmaßes würde zu hohen pH-Werten führen, die Folgen für die Lebewesen im Meer wären katastrophal. Über die Geschichte des Meerwassers und zur Herkunft des Wassers überhaupt gibt es bisher nur Hypothesen, die von nicht bewiesenen Annahmen ausgehen. Zu diesem Problemkreis gehört auch die Frage nach der Entstehung des Lebens auf der Erde.

Ein Teil der heute im Meer enthaltenen Stoffe war sicherlich bereits in einem Urozean vorhanden. Ein weiterer Teil, wie insbesondere das Kohlendioxid, ist wahrscheinlich durch die Tätigkeit submariner Vulkane in das Meerwasser gelangt, der größte Teil aber entstammt den Festländern. Das gilt sowohl für den Salzgehalt als auch die in sehr kleinen Konzentrationen vorhandenen Spurenstoffe.

Aus den Tatsachen einer großen Stoffzufuhr einerseits und der zeitlichen Konstanz des Salz- bzw. Stoffgehaltes des Meerwassers andererseits folgt, daß aus dem Meerwasser ständig auch große Stoffmengen ausgeschieden werden müssen. Die Stoffzufuhren hängen in erster Linie von der Bereitstellung dieser Stoffe durch Verwitterungsprozesse und ihrem nachfolgenden Abtransport durch Abtragungsvorgänge ab, deren Hauptmedien das fließende Wasser und der Wind sind. Auch durch Gletscher- bzw. Inlandeis werden beträchtliche Materialtransportleistungen erbracht.

Alle diese Vorgänge sind klimatisch gesteuert. Welche von den zugeführten Stoffen im Meerwasser verbleiben und welche wieder ausgeschieden werden, hängt von den Gegebenheiten im Gesamtsystem des Meerwassers ab. Meist bilden mehrere Stoffe bzw. Stoffverbindungen ganz bestimmte Relationen, so daß verschiedene Teilsysteme unterschieden werden können. Eines der wichtigsten dieser Teilsysteme ist das Kohlendioxid-Kalziumkarbonat-System. Die Gesetzmäßigkeiten dieses Systems regeln den Gehalt des Meerwassers an Kohlendioxid und Kalk und sind damit von großer Bedeutung für viele biologische Vorgänge und für die Kalksedimentation. Auch der Sauerstoffgehalt und über diesen die Konzentration von Schwefelwasserstoff stehen mit diesem System in Verbindung.

Von besonderer Bedeutung für das Verhalten des Meerwassers als physikalisch-chemisches System ist der Umstand, daß es schwach alkalisch reagiert. Sein pH-Wert liegt im Mittel bei 8,2. In freiem Austausch mit der Atmosphäre stehend, kann das Meer bei einer Abweichung vom Gleichgewicht im Kohlendioxidgehalt Kohlendioxid aus der Atmosphäre aufnehmen. Die Form, in der das Kohlendioxid im Meerwasser vorliegt, ist ebenfalls vom pH-Wert abhängig. So stellt sich der pH-Wert des Meerwassers neben dem Gleichgewichtszustand mit dem Bodenkörper des Meerwassers und den am Umsatz von Kohlendioxid stark beteiligten biologischen Vorgängen im Meer als die wichtigste Bedingung für den Kalkgehalt des Meeres sowie die Kalksedimentation dar.

Das Meerwasser ist bei einem Gleichgewichtszustand seines Kohlendioxidgehaltes mit der Atmosphäre an Kalk übersättigt. Diese Übersättigung ist um so größer, je höher die Temperatur ist. Kalkliebende Organismen können deshalb ihren Kalkbedarf um so besser decken, je wärmer das Wasser ist. Bei größeren Meerestiefen kommt als wichtiger Faktor der zunehmende hydrostatische Druck hinzu, der mit einer stärkeren Dissoziation der Kohlensäure verbunden ist. Es tritt Kalklösung ein, die Sedimente unter 4000 m Tiefe sind nahezu kalkfrei. Die mächtigen Kalksedimente aus der gesamten Erdgeschichte seit dem Kambrium sind ausnahmslos Flachwasserablagerungen.

Zusammenhänge ganz anderer Art regeln den Gehalt des Meerwassers an Metallionen. Mit dem Abfluß von den Festländern gelangen verhältnismäßig große Mengen von ihnen in das Meer. Trotzdem ist ihre Konzentration im Meerwasser klein, weil die überall im Meerwasser vorhandene tonige Trübe bevorzugt Alkali- und Erdalkalimetalle bindet. Im Meerwasser schwebende Eisen- und Manganhydroxydteilchen binden Schwermetallionen, wie die von Blei, Zink, Kupfer sowie Komplexbildner wie Arsen, Selen und Molybdän. Diese selektive Adsorption bewirkt die Ausscheidung aller dieser Metalle aus dem Meerwasser. Sie werden sedimentiert. In derselben Richtung wirken Anreicherungsvorgänge in Organismen. Es werden zum Beispiel angereichert: Eisen durch Diatomeen, Strontium durch Radiolarien, Silizium durch Diatomeen und Radiolarien, Mangan und Schwefel durch Bakterien, Kupfer durch Mollusken, Zink und Blei durch Quallen, Jod durch Algen und Schwämme, Silber durch Lippfische. Durch diese Adsorption und Anreicherungsvorgänge werden die Konzentrationen der Metalle und insbesondere der lebensfeindlichen Schwermetalle erheblich verkleinert, bei Kupfer zum Beispiel von 58 mg/m³ auf 5 mg/m³ Meerwasser, bei Blei von 12 auf 5 mg/m³ oder bei Quecksilber von 300 auf 0,003 mg/m³ Meerwasser. Das bedeutet eine Entgiftung des Meeres, ohne die viele Organismen im Meer überhaupt nicht lebensfähig wären.

Diese Vorgänge sind auch gleichzeitig entscheidend für das Zustandekommen der hohen Metallgehalte von Meeressedimenten, die als *Lagerstätten* von außerordentlicher Bedeutung erkannt worden sind und deren Ausbeutung bereits eingeleitet worden ist. Die biologisch bedingte selektive Anreicherung einzelner Elemente erstreckt sich auch auf radioaktive Stoffe.

Seit den ersten Kernexplosionsversuchen ist bekannt, wie groß die Gefahr ist, wenn radioaktive Substanzen unkontrolliert in das Meer gelangen. Die natürliche Radioaktivität des Meeres ist klein. Während der Gehalt des Granites an radioaktiven Substanzen etwa $1,4 \cdot 10^{-12}$ g/kg Gestein beträgt, ist im Meerwasser nur der 14 000. Teil davon enthalten, während im Sediment etwa 3 bis 20mal soviel wie im

Gestein erscheinen. Diese Umsetzungen gehen auf Adsorptionsvorgänge der beschriebenen Art zurück und lassen ein weiteres Mal die Eigengesetzlichkeiten des Stoffsystemes Meer erkennen. Die selektive Adsorption spielt eine wichtige Rolle im gesamten Sedimentationsgeschehen.

Wiederum ein anderes Bild zeigt das Verhalten der Anionen von Chlor, Brom, Jod, Schwefel und Fluor. Sie sind in viel größeren Konzentrationen im Meerwasser vorhanden, als nach ihren Anteilen in den Ausgangsgesteinen auf dem Festlande zu erwarten wäre. Es wird angenommen, daß sie als leicht flüchtig und leicht flüchtige Verbindungen bildend über die Atmosphäre in das Meer gelangt sind und ein starker Nachschub aus Vulkanen erfolgt.

Stickstoff- und Phosphorionen stehen in ihren Konzentrationen in einem annähernd konstanten Verhältnis von etwa 7:1. In diesem Verhältnis sind die beiden Stoffe auch in im Meer lebenden Tieren und Pflanzen vorhanden. Zusammen mit Silizium stellen sie Minimumstoffe für deren Ernährung dar. Ihre Konzentration im Meerwasser unterliegt einem jahreszeitlichen Rhythmus. Im Frühjahr werden sie durch die Entwicklung des Phytoplanktons nahezu vollständig verbraucht. Die absinkenden abgestorbenen planktonischen Organismen führen diese Stoffe in die Tiefe, wo sie durch chemisch-bakterielle Abbauprozesse wieder zurückgewonnen werden, soweit sie nicht in das Sediment eingehen und aus ihrem Kreislauf ausscheiden.

Eine große Anzahl von Stoffumsätzen, die für den Stoffhaushalt des Meeres von entscheidender Bedeutung sind, ist bis heute nicht vollständig aufgeklärt.

Ihre systematische Erforschung bildet jedoch die Voraussetzung für die Beurteilung wichtiger Fragen sowohl der Biochemie des Meeres als Grundlage der biologischen Produktivität als auch der Geochemie des Meeres als Grundlage jeglicher Nutzung mineralischer Stoffe aus dem Meer, die wahrscheinlich am Anfang einer großen Entwicklung steht.

Die Temperatur

Von nicht geringerer Bedeutung als die Eigenschaften des Meerwassers in geo- und biochemischer Hinsicht sind seine physikalischen Eigenschaften. Unter ihnen müssen an erster Stelle die Temperaturverhältnisse sowie das Temperaturverhalten angeführt werden. Sie sind von ausschlaggebender Bedeutung für den Wärme- bzw. Energiehaushalt des Meeres, der seinerseits wiederum die klimatischen Zustände auf der Erde maßgeblich beeinflußt, für das Zustandekommen der Tiefenzirkulation in den Ozeanen, für die Auslösung der Austauschvorgänge zwischen Ozeanen und Nebenmeeren sowie für die Eisverhält-

Dichte bei 20 °C:	1,0 g/cm³
Siedetemperatur:	100 °C
Schmelztemperatur:	0 °C
Spezifische Wärmekapazität:	1,0 cal/g·gd (= 4,1868 J/g·gd)
Verdampfungswärme:	540 cal/g (= 2260,872 J/g)
Schmelzwärme:	79,4 cal/g (= 332,43192 J/g)
Dichtemaximum	bei 4 °C
Dichteabnahme beim Gefrieren	um 0,0801 g/cm³·gd

Tabelle 9
Physikalische Grundwerte für reines Wasser

nisse verantwortlich ist. Dabei handelt es sich um Eigenschaften, die bereits reines Wasser besitzt. Durch den Salzgehalt werden sie nur geringfügig variiert.

Die große spezifische Wärmekapazität des Wassers, die durch den Salzgehalt des Meerwassers nur wenig verringert wird, hat die folgenden Konsequenzen: Ein erwärmtes Meer hat einen großen Wärmeinhalt. Er beträgt das 3250fache der gleichen Luftmenge. Die Abkühlung von Wasser erfordert folglich auch die Abgabe einer großen Wärmemenge und geht deshalb *langsam* vor sich, umgekehrt erfordert auch seine Erwärmung eine längere Zeit. Unter sonst gleichen Bedingungen sind deshalb die Temperaturschwankungen des Meeres sowohl im Tagesgang als auch im Jahresgang verhältnismäßig klein. Das gilt insbesondere im Vergleich mit den Festländern. Festgesteine, wie etwa Granit oder Verwitterungsmaterial, haben eine viel kleinere spezifische Wärmekapazität von 0,2–0,25 cal/cm³·gd (0,84–1,05 J/cm³·gd). Zu ihrer gleich großen Temperaturänderung braucht nur der fünfte bzw. vierte Teil der Wärmemenge umgesetzt zu werden, der für eine entsprechende Temperaturänderung der gleichen Menge Wasser notwendig ist. Die praktischen Folgen sind geläufig: Die sommerliche Erwärmung und die Abkühlung im Herbst gehen verhältnismäßig rasch vor sich, während sich das Meer viel langsamer erwärmt und ebenso langsam abkühlt. Die Temperaturschwankungen des oberflächlichen Meerwassers sind viel kleiner als die der Festländer. Darauf beruht auch die ausgleichende Wirkung des Meeres auf den Jahresgang der Lufttemperaturen, der als maritim bezeichnet wird. Im offenen Ozean liegt die Jahresamplitude der Temperatur in den äquatorialen Bereichen unter 1 °C, in 30–40° Breite steigt sie bis auf etwa 4,5 °C an und wird gegen die Pole hin wieder kleiner. Wesentlich größere Temperaturschwankungen treten nur in Gebieten mit Auftriebwasser und dort auf, wo jahreszeitliche Verlagerungen von Strömungen mit Wassermassen eintreten, deren Temperaturen nicht zonal bestimmt sind. Das ist zum Beispiel in den Frontalbereichen kalter Meeresströmungen der Fall. Größer sind die Temperaturamplituden auch in Nebenmeeren und insbesondere dann, wenn kräftige Gezeitenströme auftreten.

Das Meer kann aber nicht nur dort Wärme an die Atmosphäre abgeben, wo durch die Einstrahlung seine Erwärmung erfolgt ist. Durch Meeresströmungen werden große Wassermassen aus niederen in höhere Breiten verfrachtet. Dadurch gelangen auch große Wärmemengen in hohe Breiten, wo sie zur Temperaturerhöhung beitragen. Das bekannteste Beispiel dafür ist der *Golfstrom*. Durch ihn gelangen außerordentlich große Wärmemengen aus subtropischen Breiten, wo die Energiezufuhr durch die Strahlung besonders groß ist, bis weit über den Polarkreis hinaus. Umgekehrt verursachen kalte Meeresströmungen in niederen Breiten eine Abkühlung. Durch alle diese Vorgänge erfolgt ein Temperaturausgleich in räumlicher Hinsicht.

Die große Schmelzwärme des Wassers bewirkt, daß Schnee und Eis nur langsam abschmelzen und zu diesem Abschmelzvorgang große Wärmemengen erforderlich sind. Bedeutungsvoll wird dieser Sachverhalt besonders beim umgekehrten Vorgang. Ehe das Meer zufriert, muß das Wasser große Mengen an Wärme abgeben, die der Atmosphäre zugute kommen. Die klimatischen Auswirkungen sind wieder auf eine Milderung der Temperaturschwankungen gerichtet. Ist das Meer aber zugefroren, ist es durch die Eisdecke vor weiterer Abkühlung geschützt. Die Eisfreiheit des größten Teiles des Meeres in den hohen Breiten ist neben der großen Schmelzwärme des Wassers, seiner Bewegung und Durchmischung auf diesen Sachverhalt hinzuführen.

Die große Verdampfungswärme ist naturgemäß für die Verdunstung von Bedeutung. Diese erfordert die Zufuhr beträchtlicher Wärmemengen, die beim umgekehrten Vorgang, der Kondensation, wieder frei werden. Auf diese Weise gelangen bedeutende Energiemengen in Form latenter Wärme in die Atmosphäre, wo sie über große Entfernungen verfrachtet und wieder freigesetzt werden. Um welche Mengen an Verdunstungswärme es sich bei diesen Prozessen handelt, wird deutlich, wenn man bedenkt, daß jährlich etwa $440 \cdot 10^3$ km^3 Wasser aus dem Meere verdunsten. Wollte man die dazu notwendige Wärme aus der Verbrennung von Kohle gewinnen, müßte mehr als die zehnfache Menge aller abbaufähigen Steinkohlenvorräte der ganzen Erde verbrannt werden. Aus der Verdunstungswärme stammt in erster Linie die Energie für die atmosphärische Zirkulation, die ihrerseits wiederum das Hauptantriebsmoment für die Oberflächenzirkulationsprozesse der Meeresströmungen liefert.

Im Zusammenhang mit Energieumsetzungsprozessen und damit auch mit dem Wärmehaushalt des Meeres ist die Tatsache von großer Bedeutung, daß das Wasser seine größte Dichte bei einer Temperatur von 4 °C hat und beim Gefrieren eine *große Volumenzunahme* eintritt.

Dichtemaximum ——— Gefrierpunkt

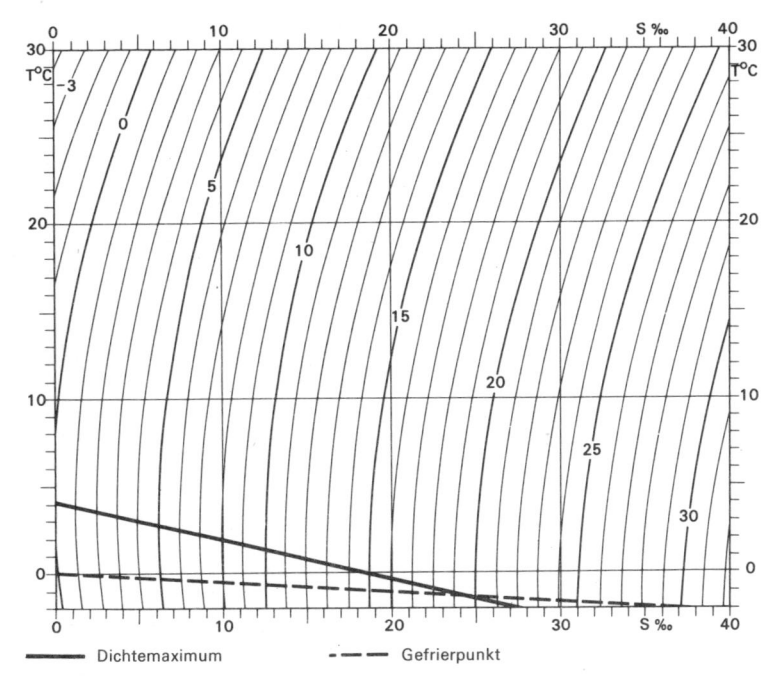

Abbildung 11
Dichte des Meerwassers in Abhängigkeit von Temperatur (T in °C) und Salzgehalt (S in ‰)
(aus DIETRICH u. a. 1975)

Die Abkühlung einer Wassermasse im Meere erfolgt von ihrer Oberfläche her. Solange die Temperatur dabei noch über 4 °C beträgt, verursacht diese Abkühlung der Wasserteilchen an der Oberfläche Konvektion, weil damit eine Volumenabnahme bzw. eine Vergrößerung der Dichte verbunden ist, weshalb das abgekühlte Wasser absinkt.

Dieser Prozeß kommt erst zum Stillstand, wenn die gesamte Wassersäule von der Oberfläche bis zum Meeresboden die Temperatur von 4 °C und damit die größte Dichte erreicht hat. Bei weiterer Abkühlung unter 4 °C erfolgt wieder eine Zunahme des Volumens bzw. eine Verringerung der Dichte. Das dadurch leichter werdende Wasser sinkt nicht mehr ab; die Konvektion ist zum Stillstand gekommen. Dieser Sachverhalt bedeutet, daß der Wärmeinhalt der gesamten Wassersäule an die Atmosphäre abgegeben werden muß, bis die Temperatur erreicht ist, bei der das Dichtemaximum gegeben ist. Warmes Wasser besitzt also nicht nur einen großen Wärmevorrat, sondern gibt bei seiner Abkühlung diesen Vorrat auch vollständig an die Atmosphäre ab, ehe es zufriert.

Die Lage des Dichtemaximums und der Gefrier- bzw. Schmelzpunkt des Wassers erfahren eine Veränderung durch den Salzgehalt. Das Diagramm der Abbildung 11 läßt die Zusammenhänge zwischen Temperatur, Salzgehalt, Lage des Dichtemaximums sowie des Gefrierpunktes leicht erkennen.

Die Dichte ist hier durch den in großen Tabellenwerken üblichen Wert $\sigma = (\varrho - 1) \cdot 1\,000$ wiedergegeben. Dem Diagramm kann leicht entnommen werden: Die Dichte nimmt mit wachsendem Salzgehalt S zu, bei steigender Temperatur geringfügig ab. Das Dichtemaximum, das in reinem Wasser bei 4 °C liegt, liegt um so tiefer, je höher der Salzgehalt ist. Der Gefrierpunkt sinkt mit wachsendem Salzgehalt ebenfalls ab. Bis zu einem Salzgehalt von 24,7‰ verhält sich das Meerwasser nicht anders als Süßwasser. Bei seiner Abkühlung wird zuerst das Dichtemaximum erreicht und erst bei weiterer Abkühlung der Gefrierpunkt. Die für Wärmeaustauschprozesse wichtige Konvektion hört längere oder kürzere Zeit vor dem Gefrieren auf. Bei Salzgehalten von über 24,7‰ wird der Gefrierpunkt erreicht, noch bevor das Meerwasser seine größte Dichte erreicht oder überschritten hat. Folglich dauert im Meerwasser bei Abkühlung die Konvektion an, bis der Gefrierpunkt erreicht ist, der bei Salzgehalten von mehr als 24,7‰ unter $-1,33$ °C liegt. Der Salzgehalt begünstigt die Konvektion, womit ein Wärmetransport aus der Tiefe zur Oberfläche gewährleistet wird, der durch die molekulare Wärmeleitung auch nicht annähernd erreicht werden könnte. Die molekularen Austauschvorgänge sind für Transporte von Wärme über größere Entfernungen und in die Tiefe ohne Bedeutung. Diese erfolgen so gut wie ausnahmslos durch turbulente Austauschvorgänge.

Erwärmung und Abkühlung des Meerwassers erfolgen von seiner Oberfläche her. Praktisch einzige Quelle der dazu notwendigen Energie ist die *Sonnenstrahlung*. Die Wärmemengen, die bei chemisch-biologischen Prozessen entstehen, aus dem Erdinnern zugeführt werden, bei Reibungsvorgängen sowie beim Zerfall radioaktiver Stoffe im Meerwasser frei werden, spielen kaum eine Rolle. Die Intensität der Strahlung, die die Meeresoberfläche erreicht, unterliegt mathematisch-geographischen sowie klimatischen Gesetzmäßigkeiten. Die Temperaturen des Oberflächenwassers sind deshalb im Prinzip zonal verteilt. Dieser Sachverhalt wird auf der Südhalbkugel am deutlichsten. Hier laufen die Isothermen fast breitenkreisparallel. Mit abnehmender geographischer Breite steigt die Temperatur mehr oder weniger gleichmäßig an, bis äquatorwärts vom südlichen Wendekreis die Maximaltemperaturen erreicht werden. Sie liegen im Persischen Golf bei 32 °C, im Roten Meer bei 31 °C. Große Teile des Pazifischen Ozeans zwischen dem Äquator und dem nördlichen Wendekreis sind wärmer als 28 °C, ebenso der Bereich vor der Westküste Mexikos und Mittelamerikas. Das ist die Situation im Nordsommer. Im Südsommer liegen die Gebiete stärkster oberflächlicher Erwärmung im Pazifik sowie im Indischen Ozean zwischen dem Äquator und 20 Grad südlicher Breite, im Atlantik zu beiden Seiten des Äquators. Dieses Bild einer zonalen Ordnung der Temperaturverhältnisse ist aber an zahlreichen Stellen gestört. Alle diese Störungen der Normalverteilung der Temperatur gehen auf Wasserbewegungen zurück. Im östlichen Nordatlantik führt der *Golfstrom* bzw. die *Golfstromdrift* große Mengen stark erwärmten Wassers nordostwärts und bewirkt hier eine Temperaturerhöhung, die noch in 60 Grad nördlicher Breite mehr als 9 °C beträgt und sich noch bis in die Barentssee auswirkt. Umgekehrt gelangen mit dem *Labradorstrom* in der Westhälfte des Nordatlantiks kalte Wassermassen bis vor die Ostküste der USA und bewirken eine starke Abkühlung. Im Südatlantik und im Südpazifik sind es der *Benguelastrom* vor Südwestafrika und der *Humboldt-* oder *Perustrom* vor der Westküste Südamerikas, die zusammen mit Auftriebwasser eine starke Abkühlung und eine entsprechende Ablenkung der Isothermen in nordöstlicher Richtung bewirken. Die Temperaturverhältnisse der Randmeere unterliegen in starkem Maße den Auswirkungen von Meeresströmungen. In Binnenmeeren wie der Ostsee, der Hudsonbucht oder im Roten Meer und dem Persischen Golf überwiegen die klimatischen Einflüsse der umliegenden Festländer. Da die molekulare Wärmeleitung im Meerwasser äußerst schwach ist, beschränkt sich die Erwärmung des Meeres auf die obersten Schichten. Diese werden dadurch leichter, die Schichtung stabilisiert sich, es kommt zur Ausbildung einer thermischen Sprungschicht, in der die Temperatur rasch abnimmt. Ein weiterer Transport von Wärme durch Vorgänge der Turbulenz durch diese Sprungschicht ist kaum noch möglich, die Sprungschicht wird damit zur Sperrschicht. Eine weitere Wärmezufuhr kommt nur noch den oberflächlichen Schichten über der Sperrschicht zugute.

Die sommerliche Sprung- bzw. Sperrschicht ist charakteristisch für alle Meeresgebiete mit größeren Schwankungen der Oberflächentemperatur wie etwa in den mittleren Breiten. Hier erfolgt im Herbst und Winter eine Abkühlung. Da sie von der Oberfläche ausgeht, wird dadurch eine Vertikalkonvektion eingeleitet. Im Winter werden dann an der Oberfläche die gleichen Temperaturen wie in der Tiefe erreicht, sofern nicht Unterschiede im Salzgehalt eine Schichtung bedingen, womit die Sprungschicht verschwindet. Die Grenzschicht zwischen warmem Oberflächenwasser und kaltem Wasser in der Tiefe liegt in äquatornahen Bereichen 200 bis 400 m tief, in den Subtropen etwa 500 bis 900 m. Nach den Polen steigt die Grenze an, in den ozeanischen Polarfronten erscheint sie an der Oberfläche. Auf diese Weise steht einer verhältnismäßig dünnen oberflächennahen Warmwassersphäre eine Kaltwassersphäre in der Tiefe gegenüber, die bis zum Meeresboden reicht. Die Lagerung dieser Wassermassen ist isotherm, sie entspricht der herrschenden Temperatur und den Dichteverhältnis-

Vorkommen von Eis

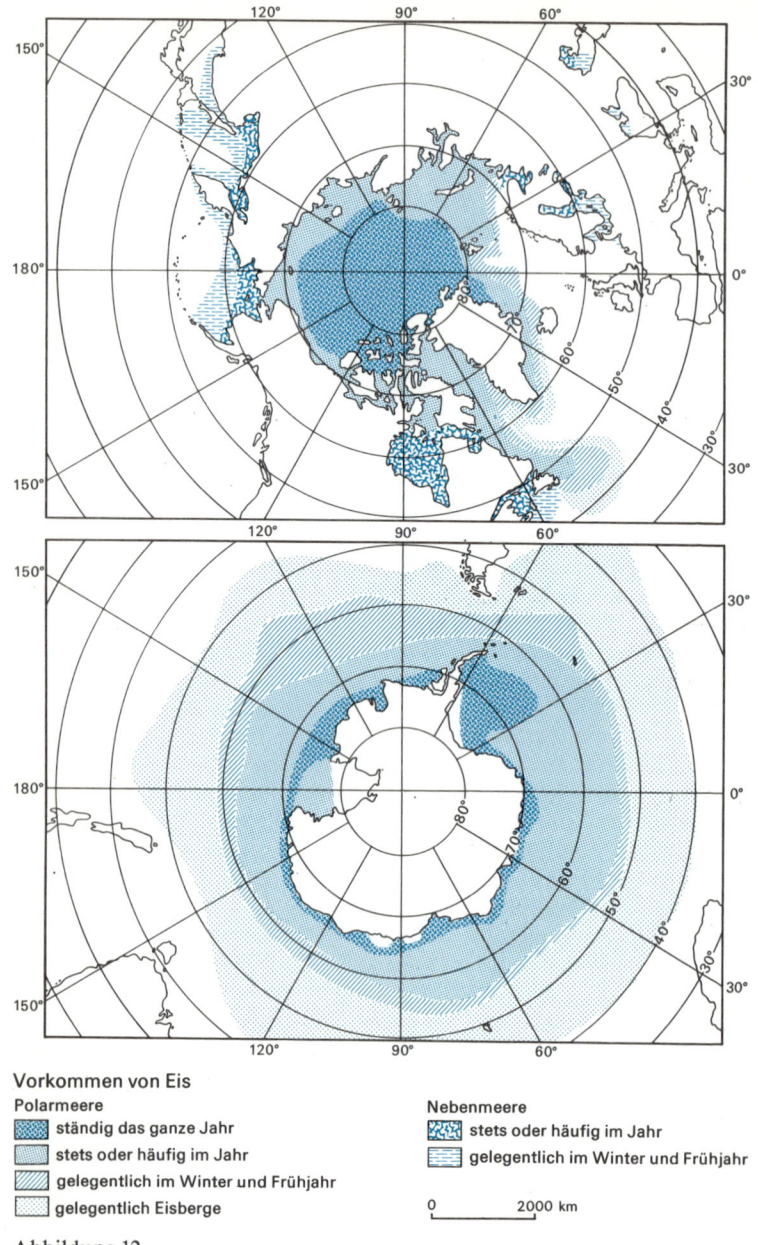

Polarmeere
- ständig das ganze Jahr
- stets oder häufig im Jahr
- gelegentlich im Winter und Frühjahr
- gelegentlich Eisberge

Nebenmeere
- stets oder häufig im Jahr
- gelegentlich im Winter und Frühjahr

0 2000 km

Abbildung 12
Eisgrenzen auf der Nord- und Südhalbkugel (aus DIETRICH u. a. 1975)

sen. Die Temperaturen in der Kaltwassersphäre liegen zwischen 5 und 0 °C. Als mittlere Temperatur für die Gesamtmasse des Meerwassers ergibt sich deshalb der niedrige Wert von 3,8 °C. Die Bedeutung der Sprung- bzw. Sperrschicht besteht vor allem darin, daß sie alle vertikalen Austauschprozesse unterbindet. Das ist vor allem für biologische Prozesse wichtig.

Der Wärmeinhalt des warmen Oberflächenwassers in tropischen Bereichen, wo die Temperaturen 25–28 °C betragen, stellt ein gewaltiges Energiepontential dar. Nach den Gesetzen der Thermodynamik kann ihm diese Wärme mit Hilfe des gleichzeitig vorhandenen kalten Tiefenwassers bei einer Temperaturdifferenz von über 20 °C entzogen und in mechanische Arbeit umgewandelt werden. Da sich die Temperaturdifferenz ständig erneuert, stellt das Meer in den tropischen Gebieten eine praktisch unerschöpfliche Energiequelle dar.

In Teilen der Polargebiete ist die Energiebilanz für die Meeresoberfläche so ungünstig, daß das Meer trotz der Erniedrigung des Gefrierpunktes durch den Salzgehalt nach Abgabe seines Wärmeinhaltes zufriert oder mit Treibeis bedeckt ist. Bei ruhiger See entsteht zunächst eine dünne Decke kristallinen Eises sowie primäres Festeis. Seegang, Strömungen und Wind oder Schiffsverkehr können bewirken, daß das Festeis in Schollen verschiedener Größe zerbricht. Auf diese Weise entsteht *Treibeis*. Bei fortschreitender Abkühlung kann sich eine sekundäre Festeisdecke bilden. Werden dabei die einzelnen Schollen übereinander geschoben, entsteht *Packeis*. Bei bewegter See erzeugt die Abkühlung zunächst einen Eisbrei, aus dem primäres Treibeis, das sog. Pfannkuchen- oder Tellereis hervorgeht. Der Eisbrei wächst dabei zu Scheiben von im Mittel 20–50 cm Durchmesser zusammen. Schneefall begünstigt die Eisbildung, denn der Entzug der Schmelzwärme kühlt das Wasser ab, außerdem wird durch das Schmelzwasser des Schnees der Salzgehalt verringert. Die Abbildung 12 gibt einen Überblick über das Ausmaß der Eisbedeckung in den polnahen Gebieten. Neben diesem im Meer gebildeten Eis gelangt auch von den Festländern Eis in das Meer. In Form von *Eisbergen* kann es über große Entfernungen verdriftet werden. Talgletscher liefern vor allem im Nordpolargebiet unregelmäßig geformte *Gipfeleisberge*. Die meisten Eisberge, etwa 5 400 im Jahr, entstehen an der *Westküste von Grönland*. Vom antarktischen Festland schiebt sich das Inlandeis überwiegend mit beiter Front gegen das Meer vor und lagert zunächst dem Schelf auf. Dringt dieses Schelfeis, das eine Fläche von etwa 1,4 Mill. km^2 bedeckt, weiter seewärts vor, wird es durch den Auftrieb des Meerwassers abgehoben und schwimmt, bis es in größeren Partien abbricht und in Form von *Tafeleisbergen* abdriftet.

Meereis wie Eisberge verdienen große Aufmerksamkeit, weil sie große *Gefahren für die Schiffahrt* darstellen. So führt zum Beispiel der *Labradorstrom* im Jahresdurchschnitt etwa 7 500 Eisberge südwärts. Ein großer Teil von ihnen schmilzt erst in Gewässern um die *Neufundlandbank* ab, etwa 50 von ihnen gelangen bis an die Südspitze der Bank, wo sie sich, auf kreis- oder ellipsenförmigen Bahnen driftend, länger aufhalten können. Einer Kollission mit einem solchen Eisberg fiel 1912 der Passagierdampfer „Titanic" zum Opfer. Die Tafeleisberge der Antarktis können zwar bis 50 Grad südlicher Breite gelangen, stellen jedoch keine größere Gefahr dar, weil sie keine auch nur annähernd gleich stark befahrenen Schiffahrtsrouten wie im Nordatlantik berühren.

Aus dem Beispiel der Eisberge wird ersichtlich, daß die Eisverhältnisse in den Randgebieten das größte Interesse beanspruchen. Zu diesen Bereichen gehört beispielsweise auch die Ostsee. Hier können Eisbildungen zu ernsthaften Beeinträchtigungen des starken Schiffsverkehrs führen. Während sich die Nordwestpassage als nicht befahrbar erwiesen hat, zieht der nördliche Seeweg vor der Küste Sibiriens immer mehr Aufmerksamkeit auf sich. Die sowjetischen Bemühungen haben ihn schon heute zu einer wichtigen Verbindung mit den sibirischen Häfen werden lassen.

Der Energiehaushalt

Wie die Festländer erhält auch die Meeresoberfläche ständig große Energiemengen zugestrahlt, und ebensowenig, wie sich die Kontinente fortschreitend erwärmen, wird auch das Meerwasser erwärmt. Alle Temperaturveränderungen im Meer werden deshalb als Schwankungen um einen stationären Zustand betrachtet, so daß sich bei der Bilanzierung aller Energieumsetzungen sämtliche Energiegewinne und Energieverluste die Waage halten.

Von der Strahlung, die in das Meer eindringt, verläßt ein kleiner Teil nach der Streuung im Wasser das Meer wieder als diffuses Licht. Es bestimmt die *Farbe des Meerwassers*. Die übrige Strahlung wird absorbiert. Die elektromagnetische Energie der Strahlung wird dabei in Bewegungsenergie der Moleküle, d. h. in Wärme umgewandelt. Diese Umwandlung vollzieht sich selektiv im Hinblick auf die Wellenlängen und schon in den alleobersten Wasserschichten. Schon in 1 cm Tiefe ist der Anteil der Strahlung mit Wellenlängen über 1 µm völlig absorbiert, tiefer als 0,5 m dringt nur noch die Strahlung mit Wellenlängen unter 1 µm ein. Trübstoffe verstärken die Absorption des Lichtes. Nur 73% der Strahlung dringen bis in 1 m Tiefe vor, 22,2% bis 10 m, nur 0,53% bis 100 m.

Diesem Energie- bzw. Wärmegewinn des Meeres stehen drei Verlustposten gegenüber: die Ausstrahlung, die direkte Wärmeübertragung an die Atmosphäre sowie der Wärmeverlust durch die Verdunstung von Meerwasser. Die Ausstrahlung des Meeres ist eine langwel-

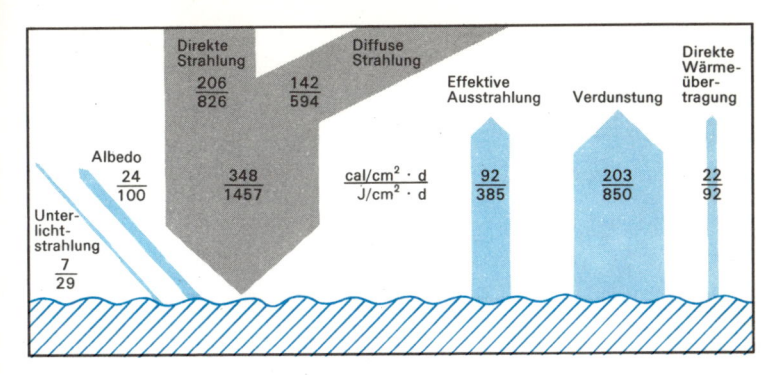

Abbildung 13
Schema der Energiebilanz des Meeres

lige Strahlung mit Wellenlängen um 10 μm, d. h. eine Wärmestrahlung. Da sie nur von der Temperatur des Wassers abhängt, ist sie ständig wirksam und weder im Tages- noch im Jahresgang größeren Schwankungen unterworfen. Zugleich ist aber auch eine ebenfalls langwellige Gegenstrahlung der Atmosphäre vorhanden. Die Differenz beider wird als effektive Ausstrahlung bezeichnet. Im Jahresmittel überwiegt in allen geographischen Breiten die Einstrahlung die effektive Ausstrahlung. Das bedeutet Wärmegewinn.

Die direkte Wärmeübertragung vom Meer an die Atmosphäre wird dadurch möglich, daß das Meer in der Regel um 0,8 °C wärmer ist als die darüberliegenden Luftschichten. Wie im Wasser ist zwar auch in der Luft die physikalische Wärmeleitung schwach, aber Turbulenz und Windbewegung erneuern diese Temperaturdifferenz ständig. Begünstigt wird diese Wärmeabgabe noch dadurch, daß der Wärmeinhalt des Wassers etwa 3 250mal so groß ist wie der der gleichen Volumeneinheit der Luft und die Erwärmung der untersten Luftschichten sofort Konvektion auslöst.

Der wichtigste Negativposten in der Energiebilanz des Meeres ist der Wärmeverbrauch für die Verdunstung. Für sie wird etwa die Hälfte der Energie aus der effektiven Einstrahlung aufgewendet. Sie bestimmt zusammen mit dem Niederschlag in erster Linie den gesamten Wasserumsatz des Meeres. Sie ist ferner die wichtigste Energiequelle für die Atmosphäre. Die Verdunstungswärme gelangt in die Atmosphäre und steht dort als Kondensationswärme zur Verfügung. Dabei ist von besonderer Bedeutung, daß die vom Meer abgegebene Verdampfungswärme im Winter größer ist als im Sommer, weil die Oberflächentemperaturen des Meeres im Winter relativ hoch sind. Verdunstung findet an der Meeresoberfläche statt, weil sich die Luft bei der

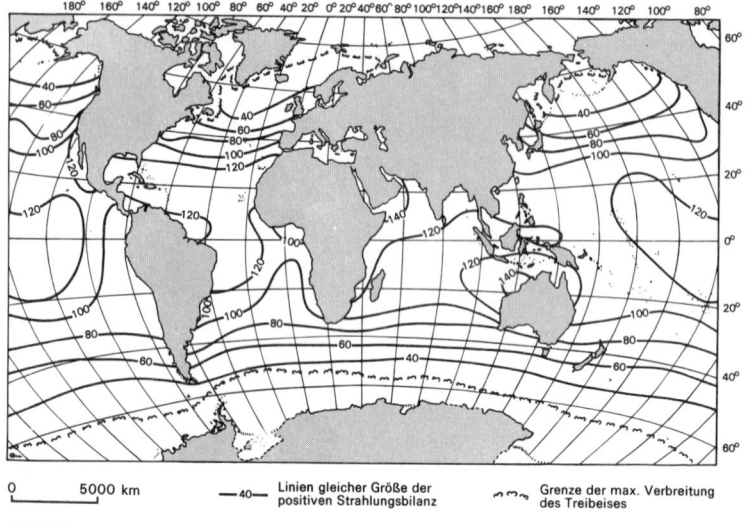

Abbildung 14
Strahlungsbilanz der Erde
(Jahreswerte in kcal/cm², 1 kcal ≙ 4,1868 kJ)
(aus Fiziko-geografičeskij Atlas Mira 1964)

Berührung mit dem Meer erwärmt, wodurch immer ein Sättigungsdefizit entsteht, falls es nicht vorher schon vorhanden war.

Die Abbildung 13 gibt eine Übersicht über die Größen der Energieumsetzungen. Das wichtigste Teilstück der gesamten Energiebilanz ist die *Strahlungsbilanz*. Das ist die Differenz zwischen kurzwelliger Einstrahlung abzüglich Albedo und Unterlichtstrahlung, d. h. dem tatsächlichen Energiegewinn aus der Strahlung und der effektiven Ausstrahlung. Sie stellt die Wärmemenge dar, die für die Abgabe an die Atmosphäre zur Verfügung steht. Da die Intensität aller kurzwelligen Einstrahlungsvorgänge von ihrem Einfallswinkel und die langwellige Ausstrahlung von der Temperatur abhängt, ist die Strahlungsbilanz regional und im Jahresgang sehr unterschiedlich. Ihre jahreszeitlichen Schwankungen nehmen mit wachsender geographischer Breite zu und sind in den gemäßigten Breiten am größten, in den Polargebieten ist der Wärmeumsatz wesentlich kleiner. Negativ wird die Strahlungsbilanz im Winterhalbjahr bereits zwischen 40 und 45 Grad nördlicher Breite. Bezogen auf ein ganzes Jahr ist die Strahlungsbilanz überall positiv. Die Abbildung 14 gibt eine regionale Übersicht über die Strahlungsbilanz.

Über den Ozeanen ist die Strahlungsbilanz größer als über den Festländern. Das Meer ist ihnen gegenüber thermisch begünstigt. Im Mittel für alle Breitenkreise beträgt die Differenz in der Strahlungsbilanz 90 cal/cm^2·d = 376,812 J/cm^2·d. Sie kommt in erster Linie durch die kleinere Albedo der Meeresoberfläche gegenüber den Festländern zustande. Die direkte Wärmeübertragung hingegen ist auf den Festländern größer. Die Verdunstung ist nach der Einstrahlung der wichtigste Vorgang innerhalb der Energieaustauschprozesse. Die Wärmeabgabe vom Meer an die Atmosphäre ist besonders dort groß, wo warme Meeresströmungen in hohe Breiten gelangen. Dort liegen auch die Frontalzonen der Atmosphäre mit besonders im Winter sehr wetterwirksamen Zyklonen und Windgeschwindigkeiten, die den Abtransport der Wärme übernehmen.

Im Hinblick auf die Bedeutung aller Energieumwandlungs- und Übertragungsvorgänge zwischen Meer und Atmosphäre für das gesamte meteorologische Geschehen ist es von größtem Interesse, die Mechanismen dieser Vorgänge und mit diesen auch die Bedingungen zu kennen, die ihre zeitlichen und räumlichen Schwankungen verursachen.

Die Forschungen auf diesem Gebiet der physikalischen Meereskunde sind technisch sehr schwierig, im Hinblick auf ihre Bedeutung für das Wettergeschehen und seine Voraussage jedoch von größter Bedeutung.

Die Wellen

Die Oberfläche des Meeres ist nur ausnahmsweise völlig eben. Wellen der verschiedensten Größen sorgen für ständige Unruhe und beleben das Bild des Meeres. *Wellenberge* und *Wellentäler* eilen über die Wasseroberfläche und erwecken den Eindruck einer horizontalen Wasserbewegung. Daß sie in Wirklichkeit nicht stattfindet, kann man an jedem flachen Strand mühelos feststellen, auf den Wellen auflaufen: Der Wasserspiegel steigt nicht. Wellenberge und Wellentäler liefern die wichtigsten Maßzahlen für eine quantitative Erfassung der Wellen:

Wellenlänge L = Entfernung von einem Wellenberg zum benachbarten
Wellenhöhe H = Höhendifferenz zwischen Wellenberg und Wellental
Wellenperiode T = Zeit zwischen dem Durchgang zweier benachbarter Wellenberge
L:T = Ausbreitungsgeschwindigkeit der Wellen c
H:L = Steilheit der Welle

Ferner ist das Verhältnis c:W (Windgeschwindigkeit) von Interesse. Der Bewegungsmechanismus der Wellen erinnert an das Wogen der Oberfläche eines Getreidefeldes. Obwohl die Ähren an ihrem Orte verbleiben, entsteht doch das scheinbare Bild einer Horizontalbewegung. Auch die Wasserteilchen verharren an ihrem Ort und führen nur kreisförmige Bewegungen (Orbitalbewegungen) aus.

Die wichtigste und häufigste Ursache für das Zustandekommen von Wellen ist der *Wind*. Deshalb spricht man von Windwellen und Windsee. Bei einer Geschwindigkeit des Windes W = 2,5 km/h (70 cm/s) beginnt die Wasseroberfläche, sich zu kräuseln. Diese kleinsten Wellen („Katzenpfötchen") sind nur 2 cm lang und bewegen sich mit einer Geschwindigkeit c = 830 m/h (23 cm/s) fort. Bei andauernder und stärker werdender Windeinwirkung werden Wellen ausgebildet, deren Parameter L, H, T und c immer größer werden. Sind die Wellen zu-

Abbildung 15
Schema des Zustandekommens einer Welle aus Orbitalbewegungen der Wasserteilchen (aus DIETRICH 1957)

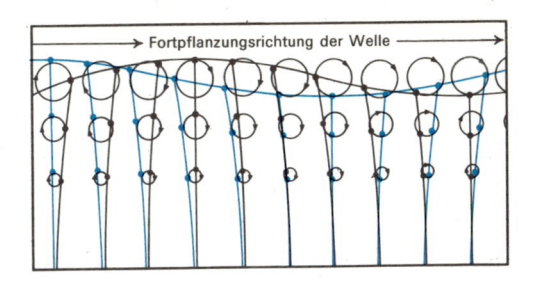

nächst nur kurz und steil, werden sie später lang und flach. Unregelmäßigkeiten in der Windbewegung lassen Wellen mit verschiedenen Perioden entstehen, so daß sich ein sehr vielfältiges Bild der Wellen ergibt. Hält die Windwirkung mit gleicher Stärke bei gleichbleibender Richtung an, bildet sich ein charakteristisches Aussehen der Meeresoberfläche heraus. Das ist der ausgereifte *Seegang*. Aus dieser Zuordnung von Windwirkung bzw. Windstärke und Wellenbild wurde eine Skala des Seeganges entwickelt, die eine kurze Beschreibung der Meeresoberfläche bei verschiedenen Windstärken gibt. Umgekehrt bietet die Beschreibung der Meeresoberfläche für den erfahrenen Seemann die Möglichkeit einer ersten Schätzung der Windstärke. Das war im Zeitalter der Segelschiffahrt von großer Bedeutung, weil sich nach der Windstärke die Segelführung richtete. Aber auch heute noch wird nach dem ausgereiften Seegang eine erste Schätzung der Windstärke vorgenommen.

Erreichen die Wellen in Küstennähe geringere Wassertiefen, werden sie deformiert. Die Orbitalbahnen der Wasserteilchen werden zu Ellipsen, die Wellenlänge wird kleiner, die Wellen werden steiler, und schließlich brechen sie über. Diese Vorgänge bezeichnet man als *Brandung*. Ein großer Teil der Wellenenergie wird auf flachen Stränden bei Reibungsvorgängen sowie der Umlagerung von Sand und Geröll verbraucht. An Steilküsten prallen die Brecher mit großer Energie gegen die Ufer. Schäden an Küstenbauwerken, wie Wellenbrechern, Ufermauern oder Leuchttürmen, lassen die Energie der Brandungswellen ahnen.

Von besonderem Interesse waren immer die Maximalhöhen von Wellen. Im Nordatlantik wurden Wellen von 10 m Höhe beobachtet, die sich bei einer Windgeschwindigkeit von 90 km/h herausgebildet hatten. Ihre Länge betrug 200 m, ihre Periode 11 s, ihre Fortpflanzungsgeschwindigkeit demnach 20 m/s. Wellen von 16 m Höhe entstehen bei dieser Windgeschwindigkeit erst nach einer 73stündigen Windeinwirkung. Solche Voraussetzungen sind naturgemäß nicht häufig erfüllt. Die Wellenhöhen werden von Augenzeugen in der Regel für

Wind Bezeichnung	Bft	m/s	Seegang Stärke	Bezeichnung	Zustand der Wasseroberfläche im ausgereiften Seegang
Stille	0	0–0,2	0	spiegelglatt	spiegelglatte See
leichte Brise	2	1,6–3,3	2	schwach bewegt	kleine Wellen, noch kurz, aber ausgeprägt, Kämme sehen glasig aus, brechen sich nicht
mäßige Brise	4	5,5–7,9	3	leicht bewegt	Wellen noch klein, werden aber länger, weiße Schaumköpfe treten schon ziemlich verbreitet auf
starke Brise	6	10,8–13,8	5	grob	Bildung großer Wellen beginnt, Kämme brechen sich und hinterlassen größere weiße Schaumflächen, etwas Gischt
stürmisch	8	17,2–20,7	7	hoch	mäßig hohe Wellenberge mit Kämmen von beträchtlicher Länge, von den Kanten der Kämme beginnt Gischt abzuwehen, Schaum legt sich in gut ausgeprägten Streifen in die Windrichtung
schwerer Sturm	10	24,5–28,4	8	sehr hoch	sehr hohe Wellenberge mit langen überbrechenden Kämmen, See weiß durch Schaum, schweres stoßartiges „Rollen" der See, Sichtbeeinträchtigung durch Gischt
Orkan	12	32,7–36,9	9	außergewöhnlich hohe See	Luft mit Schaum und Gischt angefüllt, See vollständig weiß, Sicht sehr stark herabgesetzt, jede Fernsicht hört auf

Tabelle 10
Auszug aus der Petersen-Skale für Seegang und Wind
(Bft = Windstärken nach der Beaufort-Skala)

höher gehalten, als sie in Wirklichkeit sind. Genaue Angaben sind nur durch die Auswertung stereographischer Aufnahmen zu gewinnen. Die mit diesem Verfahren festgestellte größte Wellenhöhe betrug 24,9 m. Aus dem nördlichen Pazifik wird von einer Wellenhöhe von 34 m berichtet. Solche Wellenhöhen sind durchaus möglich. Sie können durch die Überlagerung von Wellen zustandekommen. Meist werden die Windwellen aber nicht höher als 3,5 m. In den sturmreichsten Gebieten des Nordatlantik und um die Antarktis erreichen die Wellen an höchstens 75 Tagen im Jahr Höhen von 6 m und mehr.

Die Ausbreitungsgeschwindigkeit der Wellen kann bis auf das 1,34fache der Geschwindigkeit des Windes ansteigen, der sie erzeugt. Aber auch bei kleineren Ausbreitungsgeschwindigkeiten laufen die Wellen verschiedentlich aus dem Windgebiet heraus und werden dann als *Dünung* bezeichnet. Dünungswellen haben Perioden von 10–30 s, Höhen von einigen Metern und Längen von 300–900 m. Kürzere Wellen verlieren rasch an Energie und verschwinden. Noch in sehr großer Entfernung von den Windgebieten können die Dünungswellen eine starke Brandung erzeugen, die vor allem deshalb so eindrucksvoll ist, weil dabei völlige Windstille herrschen kann. An der Küste des Golfes von Guinea ist sie als Kalema bekannt. Ihre Wellen entstammen den sturmreichen Seegebieten zwischen 40 und 50 Grad südlicher Breite (den „brüllenden Vierzigern") im Atlantik. Weitere Beispiele für eine starke Dünungsbrandung sind die Atlantikküste Marokkos und die kleinen Inseln St. Helena, Ascension und Tristan-da-Cunha im Südatlantik.

Neben diesen winderzeugten Wellen gibt es *Schockwellen*, die durch einmalige Impulse, wie Erdbeben und insbesondere Seebeben, Bergstürze, Vulkanausbrüche, untermeerische Rutschungen großen Umfanges oder durch tektonische Bewegungen, ausgelöst werden und die gesamte Wassermasse bis auf den Grund des Meeres erfassen, während Windwellen auf die obersten Wasserschichten begrenzt bleiben. Mit hohen Ausbreitungsgeschwindigkeiten von Hunderten von Kilometern in der Stunde, Wellenlängen zwischen 100 km und 300 km sowie Perioden bis zu 30 Minuten, aber Wellenhöhen von oft weniger als 1 m, durchrasen sie das Meer, ohne daß sie von Schiffen bemerkt werden. Im Flachwasserbereich der Küsten sowie besonders in Buchten wachsen die Wellenhöhen rasch auf 10–20 m, auch 30 m an. Ihre Wirkung ist dann verheerend. Im Pazifik sind sie als *Tsunamis* geläufig, hier gibt es auch einen internationalen Warndienst.

Wellenbewegungen großen Stils können in mehr oder weniger abgeschlossenen Meeresbereichen nach Windstau sowie durch Luftdruckschwankungen hervorgerufen werden. In der Ostsee beispielsweise kann durch solche Vorgänge die gesamte Wassermasse in Form einer stehenden Welle in Schwingung geraten und im Finnischen Meerbusen sowie zwischen Rügen und Schweden Wasserstandsschwankungen von etwa 1,40 m bis über 2,0 m hervorrufen, während auf einer Linie von Stockholm nach Liepaja an der lettischen Küste ein gleichbleibender Wasserstand beobachtet wird. Diese Linie bezeichnet den Schwingungsknoten. Diese Wellen haben Perioden von einigen Minuten bis zu Tagen. Ihre Bezeichnung als Seiches stammt aus dem Französischen. Am Genfer See wurden vor rund 100 Jahren erstmalig Wellenbewegungen dieser Art beobachtet und studiert.

Als *interne Wellen* werden Bewegungen der Grenzflächen zwischen Wasserkörpern mit verschiedener Dichte bezeichnet. In Meerengen können diese Wellen sehr stark werden und kräftige Wirbelbewegungen des Wassers hervorrufen. Als Scylla und Charybdis sind sie von der Straße von Messina bereits seit dem Altertum bekannt.

Wellen, Seegang und Brandung sind Gegenstände intensiver Beobachtungen, Untersuchungen sowie der Modellbildung. Die Bedeutung des Seeganges ist seit dem Ende der Segelschiffahrt nicht kleiner geworden. Auch für moderne und große Schiffe mit kräftigem Antrieb spielt er eine wichtige Rolle. Durch die Wahl günstiger Schiffsrouten auf der Grundlage von Vorhersagen des Seeganges, die naturgemäß auf meteorologischen Prognosen beruhen müssen, können größere Sicherheit für die Schiffe und erhebliche Einsparungen an Treibstoffen erreicht werden. Im übrigen kann schwerer Seegang auch für große und moderne Schiffe gefährlich werden, wenn ihre Abmessungen in kritische Bereiche geraten, in denen sich die Schwingungen des Schiffskörpers überlagern und zu immer größeren Amplituden führen. Eine starke Brandung kann in Naturhäfen die Hafenwirtschaft beeinträchtigen und Schäden an Uferbauwerken herbeiführen.

Die Gezeiten

Die Gezeiten gehören zu den eindrucksvollsten Erscheinungen, die das Meer dem Betrachter an der Küste bietet. In bestimmten Rhythmen hebt und senkt sich der Meeresspiegel, strömen an Flachküsten große Wassermassen landwärts und wieder seewärts, wobei ein breiter Küstenstreifen abwechselnd überflutet wird und wieder trockenfällt.

Bereits in der Antike war der Zusammenhang dieser Erscheinungen mit der Umlaufzeit des Mondes um die Erde bekannt. Zweimal im Laufe eines Mondtages von 24 Stunden und 50 Minuten Dauer stellen sich abwechselnd Hochwasser und Niedrigwasser ein. An dem Schema der Abbildung 16 seien zunächst einige Grundbegriffe erläutert. Bezugspunkt für alle Höhen ist ein Pegelnull (PN), das tiefer als Kartennull (KN) oder Normalnull (NN) angesetzt wird, um negative Werte bei allen Ablesungen zu vermeiden.

Alle diese Größen, mit denen das Gesamtphänomen Gezeiten quantitativ erfaßt wird, sind nicht konstant. Sowohl im zeitlichen Ablauf als auch im Ausmaß der Wasserstandsschwankungen treten periodische Veränderungen auf, die als Ungleichheiten bezeichnet werden. Da sie von den astronomischen Gegebenheiten abhängen, lassen sie sich grundsätzlich vorausberechnen. Darauf ruht das sog. nonharmonische Verfahren der Gezeitenvorausberechnung. Wegen vieler Unzulänglichkeiten ist es durch das harmonische Verfahren ersetzt worden. Dabei wird das Gezeitenpotential abgeleitet, wobei in den Berechnungen Größen als periodische Funktionen von fünf Winkeln auftreten. Die Bewegungen von Sonne und Mond relativ zur Erde lassen sich durch unendliche Reihen für diese Winkel ausdrücken. Die beobachtete Gezeitenkurve wird bei diesem Verfahren in Teilwellen mit konstanter Amplitude und Frequenz zerlegt, welche die Perioden der gezeitenerzeugenden Kräfte haben. Die rechnerische Bewältigung dieses Verfahrens erfolgte lange Zeit mit sog. Gezeitenrechenmaschinen, die auf mechanischem Wege die Überlagerung bzw. Zusammenfassung

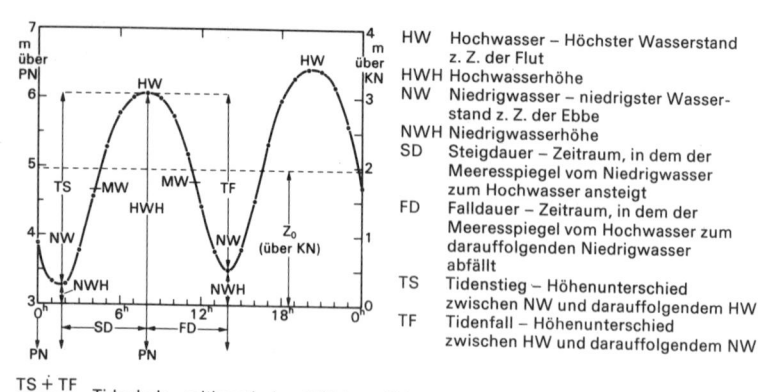

HW Hochwasser – Höchster Wasserstand z. Z. der Flut
HWH Hochwasserhöhe
NW Niedrigwasser – niedrigster Wasserstand z. Z. der Ebbe
NWH Niedrigwasserhöhe
SD Steigdauer – Zeitraum, in dem der Meeresspiegel vom Niedrigwasser zum Hochwasser ansteigt
FD Falldauer – Zeitraum, in dem der Meeresspiegel vom Hochwasser zum darauffolgenden Niedrigwasser abfällt
TS Tidenstieg – Höhenunterschied zwischen NW und darauffolgendem HW
TF Tidenfall – Höhenunterschied zwischen HW und darauffolgendem NW

$\frac{TS + TF}{2}$ Tidenhub – arithmetisches Mittel aus Tidenhub und nachfolgendem Tidenfall

MW Mittelwasser – Mittelwert aus Hochwasserhöhe und vorausgehender oder nachfolgender Niedrigwasserhöhe
Z_0 mittlerer Wasserstand – Mittelwert aus möglichst stündlichen Ablesungen des Wasserstandes im Laufe mehrerer Jahre (ohne Zusammenhang mit den Gezeiten)
PN Pegelnull
KN Seekartennull

Abbildung 16
Grundbegriffe des Gezeitenablaufes

einer großen Anzahl von Partialtiden, d. h. eine Summierung harmonischer Bewegungen, bewerkstelligten. Gegenwärtig werden sie durch moderne Datenverarbeitungsanlagen ersetzt.

Trotz der auf diese Weise sehr genau zu ermittelnden Werte für das gezeitenerzeugende Potential führte ihre Verwendung in den allgemeinen hydrodynamischen Gleichungen nicht zu dem gewünschten Ergebnis einer Ermittlung der wirklich auftretenden Schwingungen des Meeres und der sich daraus ergebenden Gezeitenströme. Die modifizierenden Einflüsse der komplizierten Bodentopographie des Meeres können nicht vollständig erfaßt werden. Schon bei der Annahme eines verhältnismäßig einfach gestalteten Meeresbeckens entstehen zu große mathematische Schwierigkeiten, die auch mit modernen Rechenanlagen nicht bewältigt werden können. Deshalb kommt man in der Praxis der gegenwärtigen Gezeitenvorausberechnung nicht ohne empirische Verfahren aus, die auf der Auswertung von Wasserstandsregistrierungen, d. h. auf den wirklich beobachteten Gezeiten aufbauen.

Für alle praktischen Belange ist es wichtig zu wissen, wann die Gezeiten eintreten, wie groß der Tidenhub ist und besonders welche Extremwerte dabei auftreten. Für beide Extremfälle gibt es besondere Bezeichnungen. Wenn sich die Wirkungen von Mond und Sonne bei Vollmond und Neumond addieren und der Tidenhub besonders groß wird, ist Springtide. Wirken die Kräfte von Mond und Sonne einander entgegen, bleibt der Tidenhub klein; es ist Nipptide. Zur Übersicht

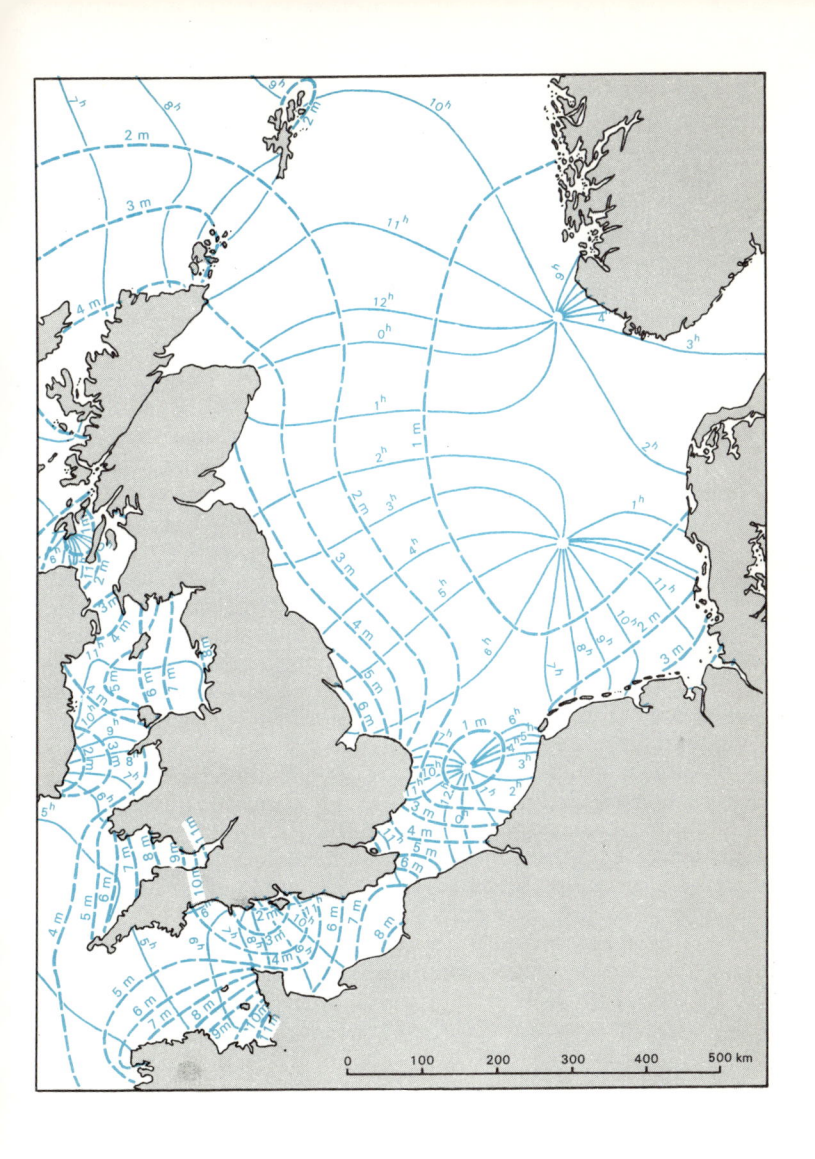

Abbildung 17
Flutstundenlinien und Linien gleichen mittleren Springtidenhubs für
die Nordsee (aus Gezeitentafeln für das Jahr 1975. Hamburg 1974)

über die Gezeiten werden Karten der Flutstundenlinien und Linien gleichen Springtidenhubs entwickelt. Die Abbildung 17 gibt ein Beispiel für eine solche Karte. Die Flutstundenlinien verbinden alle Orte, an denen das Hochwasser gleichzeitig eintritt. An jeder Linie ist verzeichnet, wann dieses Ereignis eintritt. Die angegebenen Zahlen sind Stunden nach dem Durchgang des Mondes durch den Meridian von Greenwich. Die gerissenen Linien verbinden alle Orte mit gleicher mittlerer Hubhöhe der Springtide. Die Gezeitenwelle erscheint im nördlichen Teil der Nordsee als eine fortschreitende Welle, die an der Ostküste Englands schneller wandert als an der gegenüberliegenden Küste Norwegens. Hier ist der Tidenhub klein, an der englischen Ostküste verhältnismäßig groß. Vom Kanal her tritt eine zweite Flutwelle in die Nordsee ein. Beide vereinigen sich vor der niederländischen Küste. Hier tritt eine sog. Amphidromie auf. An einem solchen Drehpunkt laufen die Flutstundenlinien wie die Speichen eines Rades zusammen. An dieser Stelle verschwindet der Tidenhub. Der Meeresspiegel erfährt hier keine Veränderungen durch gezeitenerzeugende Kräfte. Westlich von Jütland ist eine weitere Drehtide ausgebildet, ebenso vor der Südwestküste Norwegens. Die Gezeitenwelle wandert längs der Küste der Deutschen Bucht nach Norden und trifft hier vor dem Skagerrak mit der von Norden kommenden Welle zusammen. Die Verstärkung der Hubhöhe auf der Westseite der Nordsee und ihre Abschwächung auf der Ostseite sind Folgewirkungen der ablenkenden Corioliskraft sowie der Bodenreibung.

In Flußmündungen, Buchten und Häfen erfährt der Tidenhub unter den lokal wechselnden Bedingungen des Küstenverlaufes und der Wassertiefe erhebliche Abwandlungen. Die dort wirklich eintretenden Tidenhubhöhen werden Gezeitentabellen entnommen, die entsprechende Berechnungen für eine große Anzahl von Punkten auf der ganzen Erde enthalten.

Von dem englischen Forscher DOODSON sind zwar die Grundlagen von 396 Partialtiden entwickelt worden, wesentlich bestimmt wird der Ablauf der Gezeiten jedoch nur von wenigen, insbesondere von den vier Haupttiden (s. a. Tabelle 11). Mit dem Quotienten

$$F = \frac{K_1 + O_1}{M_2 + S_2}$$

aus den Tidenhüben, der als Formzahl bezeichnet wird, ist eine Charakterisierung der Gezeiten möglich, die auch geographisch von Interesse ist (s. a. Tabelle 12). Die Abbildung 18 gibt eine Übersicht über die regionale Verbreitung der Gezeitenformen im Atlantischen Ozean.

Im offenen Ozean ist die Beobachtung der Gezeiten schwierig. Absolut zuverlässige Größen sind nur an den Küsten der wenigen ozeanischen Inseln zu gewinnen. Für Messungen in der offenen See wurden sog. Tiefseespiegel entwickelt, die auf den Ozeanboden ausgelegt wer-

Bezeichnung	Symbol	Periode in Stunden	Winkelgeschwindigkeit (in Grad/Stunde)	Verhältnis der Flutkräfte
Halbtägige Hauptmondtide	M_2	12,42	28,98	100
Halbtägige Hauptsonnentide	S_2	12,00	30,00	46,6
Eintägige Mond-Sonnen-Tide	K_1	23,93	15,04	58,4
Eintägige Mondtide	O_1	25,82	13,94	41,5

Tabelle 11:
Die vier Haupttiden (nach Dietrich 1944)

den und Veränderungen des Wasserdruckes registrieren, aus denen die wechselnden Wasserstände ermittelt werden können. Die Schwierigkeiten dieses Verfahrens ergeben sich aus den geringen Tidenhüben, die nur ausnahmsweise 2,0 m übersteigen, in großen Bereichen aber unter 1,0 m liegen. Gegenwärtig wird versucht, die Gezeitenwellen mit Hilfe von Satelliten zu erfassen. Die Kenntnisse der Gezeiten der offenen Ozeane ist zwar kaum von praktischer Bedeutung, aber für das Verständnis der Gezeiten in den Rand- und Nebenmeeren äußerst wichtig. Bisher wurden mehrere Modelle für den Gezeitenablauf in den drei Ozeanen entworfen, die naturgemäß von den Beobachtungen der Gezeiten an den Küsten der Kontinente ausgehen mußten.

Tabelle 12
Gezeitenformen (nach Dietrich 1944)

F	Gezeitenform
0−0,25	halbtägige Gezeitenform; täglich je 2 Hochwasser und Niedrigwasser von annähernd gleicher Höhe, mittlerer Springtidenhub: 2 ($M_2 + S_2$)
0,25−1,5	gemischte, überwiegend halbtägige Gezeitenform; täglich 2 Hochwasser und 2 Niedrigwasser; große Ungleichheiten in Höhe und Zeit; mittlerer Springtidenhub: 2 ($M_2 + S_2$)
1,5 −3,0	gemischte, überwiegend eintägige Gezeitenform; zeitweise nur 1 Hochwasser, zeitweise 2 Hochwasser; mittlerer Springtidenhub: 2($K_1 + O_1$)
über 3,0	eingtägige Gezeitenform; täglich nur 1 Hochwasser; mittlerer Springtidenhub: 2 ($K_1 + O_1$)

××× gemischte, überwiegend
       eintägige Gezeiten

|||| eintägige Gezeiten

═══ halbtägige Gezeiten

××× gemischte, überwiegend
       halbtägige Gezeiten

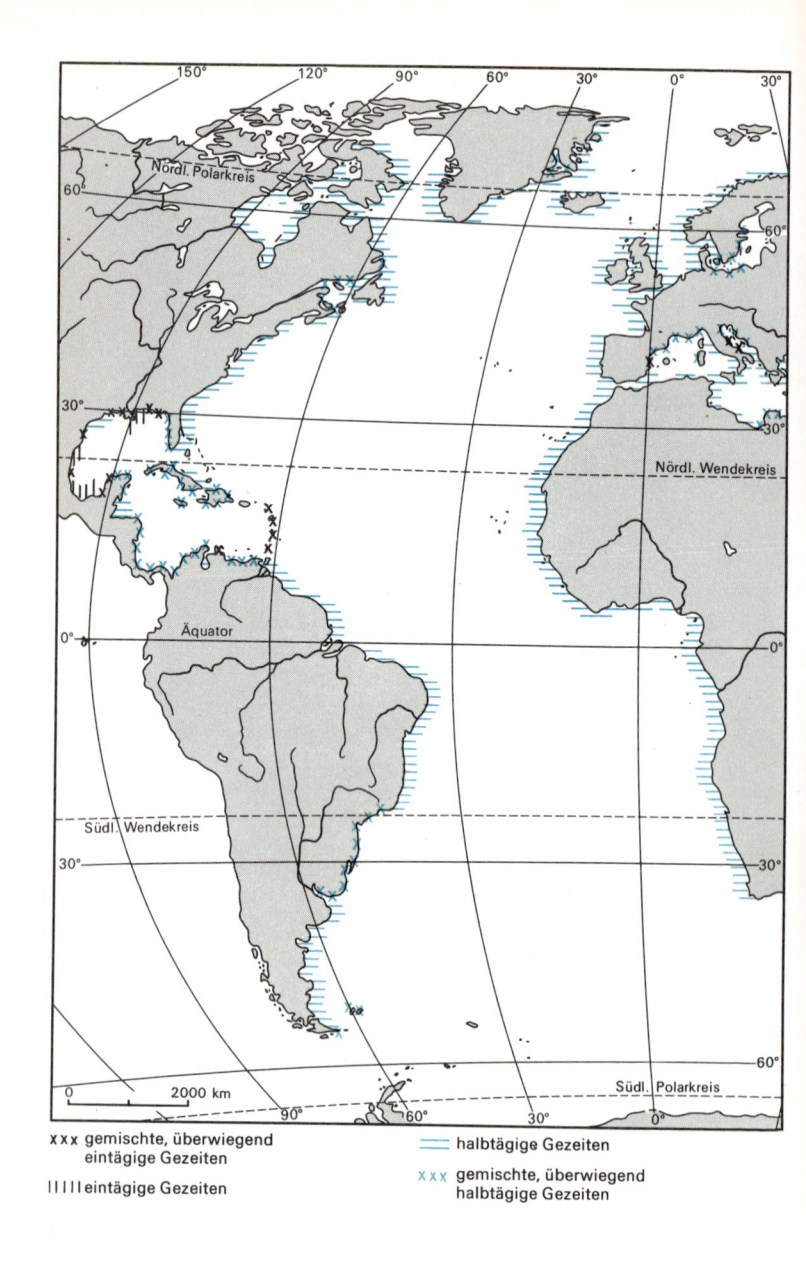

Abbildung 18
Gezeiten im Atlantischen Ozean
(nach DIETRICH u. a. 1975)

Tabelle 13
Maximalwerte
der Geschwindigkeit
von Gezeitenströmen
(nach Sager 1959)

	Geschwindigkeit (in kn)
Nordsee:	
Einfahrt von Cuxhaven	1,9 bis 5
Außenweser	2,9 bis 3,6
Britische Inseln:	
Pentland Firth	über 8
Orkney-Inseln	bis 7
Hebriden	bis 7
Norwegen	
Saltfjord/Skjerstadfjord	bis 16 (Ebbstrom)
Philippinen	bis 8
Alaska/Aleuten	bis 10
Kanada:	
Seymour-Engen	bis 14
Chile:	
Magalhäesstraße	10

Von nicht geringerer Bedeutung als die Schwankungen des Meeresspiegels sind die ebenfalls mit den Gezeiten verbundenen horizontalen Wasserbewegungen, die *Gezeitenströme*. In offenen Ozeanen bleibt ihre Geschwindigkeit mit etwa 0,1 m/s oder 360 m/h gering. Auf den Schelfen und im engeren Küstenbereich erfahren sie durch die morphologische Gestaltung des Meeresbodens und den Verlauf der Küste eine starke Abwandlung. Vor allem können ihre Geschwindigkeiten auf große Werte ansteigen, wie aus der Tabelle 13 ersichtlich wird.

Flachküsten werden bei entsprechend großem Tidenhub durch die Gezeitenströme täglich einmal oder zweimal überflutet und wieder freigegeben. Das *Wattenmeer* gehört zu den eindrucksvollsten Erscheinungen der Gezeitenküste. In den innertropischen Bereichen ist es mitunter als Mangrovegürtel ausgebildet. Starke Gezeitenströme sind von großer Bedeutung für die Navigation. Das galt besonders für die Segelschiffahrt. Das Beispiel der Nordsee zeigt, daß Gezeitenströme bis auf den Grund reichen. Die dabei auftretende Reibung ist erheblich und formt die Gezeitenwelle um. Die Steigdauer wird verkürzt, die Falldauer der Gezeiten wird verlängert. Bei extremer Verkürzung der Steigdauer kann die Gezeitenwelle als Sprungwelle oder Bore von mehreren Metern Höhe in Flußmündungen erscheinen, wie das vom Amazonas oder vom Jangtsekiang bekannt ist. Die durch die Gezeitenströmung ausgelöste Turbulenz kann auch die Sedimentation beeinflussen. Feinkörniges Material wird nicht abgelagert.

Von größter Bedeutung kann die Beeinflussung der Gezeitenströme durch Windwirkungen werden. Durch sie können die von den gezeitenerzeugenden Kräften und allen übrigen Faktoren bestimmten Tidenhübe verkleinert oder vergrößert werden. Extreme Niedrigwasser können die Schiffahrt beeinträchtigen, extrem hohe Hochwasser sind als *Sturmfluten* eine große Gefahr für die betroffenen Küsten und im Hinterland. Wenn die landwärts gerichteten Wasserbewegungen durch die Schubkraft stärker und langanhaltender Winde bzw. Stürme verstärkt werden, kann das mittlere Hochwasser um große Beträge überschritten werden. Die bekanntesten Katastrophen solcher Art betrafen in jüngster Zeit die Deutsche Bucht mit Hamburg am 16./17. 2. 1962 und die niederländische Küste am 1. 2. 1953. Sie verursachten nicht nur 2 000 Menschenverluste, sondern auch enorme volkswirtschaftliche Schäden. Einen wirksamen Schutz vor solchen Katastrophen gewähren nur Dammbauten bis zu Höhen, die auch von den theoretisch und praktisch zu erwartenden höchsten Hochwasserständen bei Sturmfluten unter extremsten Bedingungen nicht erreicht werden können.

Noch bedeutsamer als die Gezeitenströme für die Navigation sind die *Wasserspiegelschwankungen* für den Hafenbetrieb. Offene Tidehäfen sind auf Schwankungen bis zu mehreren Metern eingerichtet. Dockhäfen sind der Wirkung des Tidenhubes vollständig entzogen, ihr Betrieb ist jedoch weitgehend an den Rhythmus der Gezeiten gebunden. An Flachküsten ist mit den Gezeiten ein besonderer Landschaftstyp verbunden, das *Watt*. Der ständige Wechsel von Überflutung und Trockenfallen schafft einen besonderen Biotop. Das Watt vor der deutschen und niederländischen Küste ist schon seit Jahrhunderten trotz großer Rückschläge Schauplatz einer umfangreichen *Landgewinnung*. Sie wird dadurch begünstigt, daß der Flutstrom im allgemeinen kräftiger ist als der Ebbstrom, so daß im Wattbereich die Sedimentation überwiegt.

Wie die Temperaturdifferenzen zwischen Oberflächenwasser und Tiefenwasser stellen auch die Gezeiten ein großes Energiepotential bereit. *Gezeitenkraftwerke,* bei denen die potentielle Energie von Meerwasser in abschließbaren Buchten oder Flußmündungen nach eingetretener Flut gegenüber dem Wasserstand bei Ebbe im offenen Meer nutzbar gemacht wird, sind jedoch bisher über Versuchsanlagen noch nicht entscheidend hinausgekommen. Große Gezeitenkraftwerke sind allerdings geplant. Die größten Schwierigkeiten bereiten einmal die Lage solcher Werke, die von der Höhe des Tidenhaubes und der Gestaltung der Küste abhängig ist, und zum anderen der Rhythmus, in dem sie ständig wechselnde Leistungen erbringen, denn dieser entspricht nicht dem Kalendertag, sondern dem Mondtag von 24 Stunden 50 Minuten Länge.

Die Meeresströmungen

Die Wassermassen des Weltmeeres füllen zwar der Schwerkraft folgend die tiefsten Bereiche der festen Erdkruste aus, befinden sich aber trotzdem praktisch nirgends in einem Zustand völliger Ruhe. Winde und Stürme sorgen für eine ständige Bewegung der Wasseroberfläche, die am sinnfälligsten in der *Brandung* an den Küsten deutlich wird. Dabei können die Wellenbewegungen als Dünung über große Entfernungen aus den Windgebieten herauslaufen und an den Küsten mit Windstille eine kräftige Brandung verursachen. Ein bekanntes Beispiel dafür ist die Kalema an der Küste Westafrikas. Ebenso deutlich werden, insbesondere an Flachküsten, die Wasserbewegungen, die im Zusammenhang mit den Gezeiten auftreten und als *Gezeitenströme* bezeichnet werden. Obwohl sie große Geschwindigkeiten erreichen können, bleiben sie räumlich doch begrenzt.

Die stärksten Wasserbewegungen sind die *Meeresströmungen*. Darunter werden die Wasserversetzungen großen Stiles in den obersten Wasserschichten des Meeres verstanden, die große Wassermassen erfassen und meist über Hunderte und Tausende von Kilometern verfolgt werden können. Mit Namen versehen, sind sie zum Beispiel als Golfstrom, Brasilstrom oder Benguelastrom bekannt. Die meisten Schulatlanten enthalten Karten dieser Wasserbewegungen, wobei in der Regel aus Pfeilen ihre Richtung ersichtlich ist.

Die Kenntnisse von den Meeresströmungen sind vor allem der Schiffahrt zu verdanken. Die großen Strömungen waren bereits im 16. Jahrhundert bekannt geworden. Für die Segelschiffahrt waren sie von größter Bedeutung. Ermittelt wurden sie aus den Besteckversetzungen. Das sind die Differenzen zwischen den aus gesteuertem Kurs und gefahrener Geschwindigkeit errechneten und aus astronomischen Ortsbestimmungen festgestellten wirklichen Positionen der Schiffe. Darin sind allerdings auch die Wirkungen der Winddrift enthalten. Direkte Messungen der Strömung sind insbesondere auf hoher See sehr schwierig, weil dazu ein Festpunkt notwendig ist. Die Meeresströ-

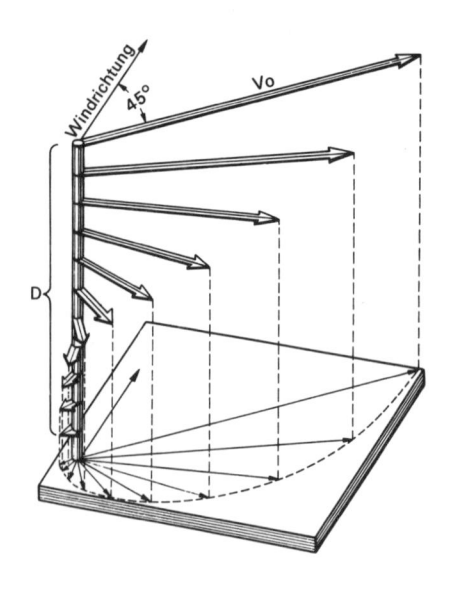

Abbildung 19
Vertikale Stromverteilung im reinen Triftstrom auf der Nordhemisphäre (D-Reibungstiefe, Vo-Strömungsgeschwindigkeit an der Oberfläche) (nach EKMAN 1905)

mungen erfassen meist nur die obersten Wasserschichten von etwa 200–300 m Mächtigkeit und werden deshalb als Oberflächenströmungen bezeichnet. Ihnen steht eine Tiefenzirkulation gegenüber, die die Wassermassen der Kaltwassersphäre bis zum Meeresboden erfaßt, im wesentlichen meridional gerichtet ist und viel langsamer als die Oberflächenströmungen vor sich geht. Schon ALEXANDER VON HUMBOLDT hatte erkannt, daß das kalte Tiefenwasser in den niedrigen Breiten einen ständigen Nachschub aus polaren Breiten erhalten müsse. Größere Wassermassen werden schließlich zwischen den Ozeanen und durch verhältnismäßig hohe Schwellen abgegrenzten Nebenmeeren, wie zum Beispiel dem Europäischen Mittelmeer, dem Roten Meer oder der Ostsee, ausgetauscht.

ALEXANDER VON HUMBOLDT waren auch schon die Ursachen der Wasserbewegungen bekannt. Die Oberflächenströmungen erfahren ihren Antrieb in erster Linie durch die Schubkraft des Windes. Wassermassen größeren Ausmaßes können aber nur von Winden in Bewegung gesetzt werden, die über längere Zeit aus denselben Richtungen wehen. Deshalb kommen als Urheber der Meeresströmungen nur die großen Glieder der atmosphärischen Zirkulation in Betracht. Das sind in erster Linie die Passate und die Westwinde, insbesondere auf der Südhalbkugel, sowie die Monsune über dem Indischen Ozean.

Luftmassen, die über das Meer streichen, üben tangential eine Schubkraft aus, durch die die oberste Wasserschicht in Bewegung gesetzt wird. Unterstellt man einen homogenen Wasserkörper, in dem keine anderen Kräfte wirken, ergeben sich Strömungsverhältnisse, wie sie erstmalig von dem norwegischen Ozeanographen W‍ALFRID E‍KMAN beschrieben wurden.

Die oberste Wasserschicht erhält einen Bewegungsimpuls und strömt mit etwa einem Fünftel der Geschwindigkeit des darüberstreichenden Windes in einer Richtung, die durch die Wirkung der Corioliskraft auf der Nordhalbkugel nach rechts abgelenkt ist. Die darunterliegende Wasserschicht wird durch turbulente Reibung mit in Bewegung gesetzt, wobei sich die Geschwindigkeit gegenüber der darüberliegenden Schicht verringert und eine weitere Ablenkung nach rechts stattfindet. Wo die Ablenkung gegenüber dem Oberflächenstrom 180 Grad erreicht, beträgt die Strömungsgeschwindigkeit noch 1/23 des Wertes an der Oberfläche. Die Wassertiefe, bei der dieser Zustand eintritt, wird als Reibungstiefe bezeichnet. Sie beträgt zum Beispiel in 50 Grad geographischer Breite bei 7 m/s Windgeschwindigkeit 60 m, aus dieser raschen Abnahme der Geschwindigkeit der windgetriebenen Strömung wird ersichtlich, daß diese Strömungen nicht sehr tief reichen – maximal etwa 200 m – und daß dabei auch Wasserversetzungen senkrecht zur Strömung an der Oberfläche stattfinden. Die Corioliskraft hat am Äquator den Wert Null und wächst mit zunehmender geographischer Breite. Sie bewirkt, daß bei einem reinen Driftstrom ein mittlerer Wassertransport senkrecht zur Windrichtung erfolgt. Aus diesem Antriebsmechanismus erklärt sich auch das Auftreten von Querzirkulationen.

Wo winderzeugte Stömungen auf Festländer stoßen, kommt es zu einem Anstau von Wassermassen und zu einer Schrägstellung der Meeresoberfläche. Damit stellen sich Druckgradienten ein, die in der gesamten Wassermasse bis zum Meeresboden vorhanden sind. Die daraus resultierenden Druckkräfte bewirken Strömungen, die ebenfalls durch die Corioliskraft abgelenkt werden.

Ein drittes Antriebsmoment für Wasserbewegungen großen Umfanges sind Dichteunterschiede im Meerwasser. Eine Flüssigkeit befindet sich in einem Gefäß nur dann im Ruhestand, wenn sie von außen nicht beeinflußt wird und ihre Masse ihrer Dichte entsprechend verteilt ist. Wie die erste so ist auch die zweite dieser beiden Bedingungen für einen Ruhestand für das Wasser des Weltmeeres praktisch nirgends erfüllt. Unterschiede im Salzgehalt und insbesondere in der Temperatur haben eine verschiedene Dichte des Meerwassers zur Folge. Wassermassen verschiedener Dichte können aber nicht nebeneinander liegen. Jedes Wasserteilchen nimmt vielmehr die Lage ein, die seiner Dichte entspricht. Neben der bereits erwähnten Konvektion kommen dadurch auch horizontale Versetzungen großer Wassermassen zustande. In den niederen Breiten ist es vor allem die starke Verdunstung und die dadurch bewirkte Erhöhung des Salzgehaltes, in den hohen Breiten die starke Abkühlung, die eine Vergrößerung der Dichte des Meerwasser hervorrufen, die zu Wasserbewegungen führt.

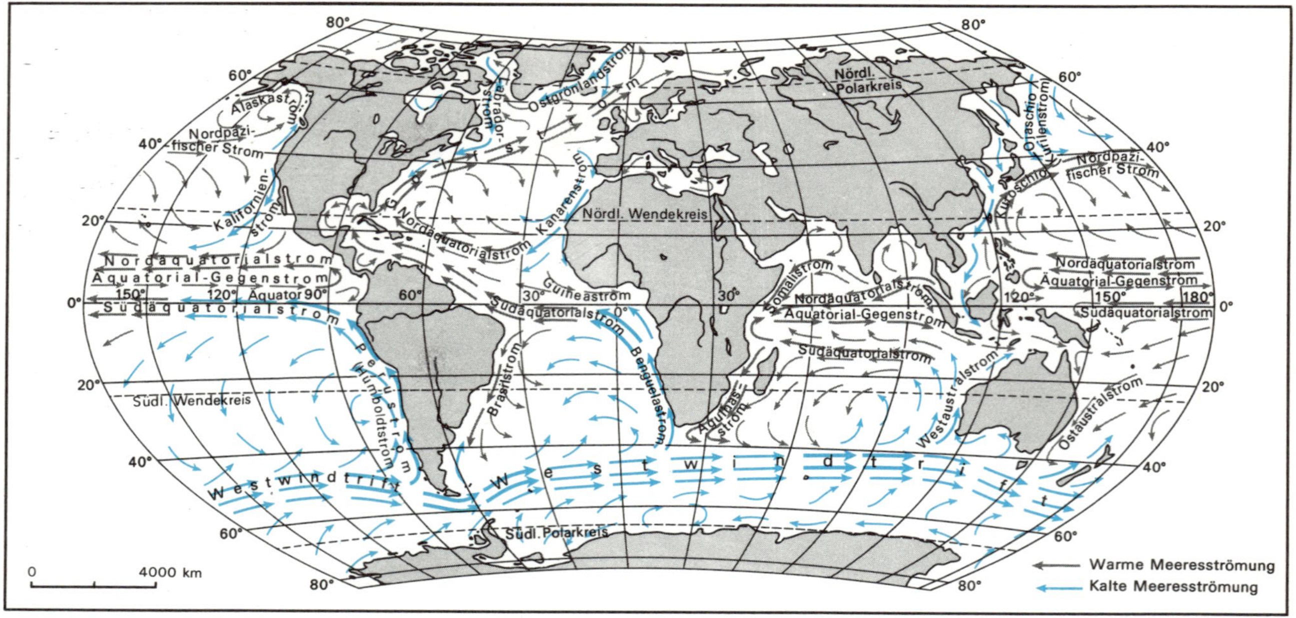

Abbildung 20
Oberflächenströmungen im Meer (aus Atlas der Erdkunde 1984)

Schließlich kommen große Wassermassen auch dadurch in Bewegung, daß in Nebenmeeren durch starke Zuflüsse und Niederschläge ein Wasserüberschuß oder durch schwache Zuflüsse sowie durch starke Verdunstung ein Wasserdefizit entsteht. Abflüsse aus dem Nebenmeer oder Zuflüsse aus dem Ozean in das Nebenmeer schaffen dann den Ausgleich.

Die Oberflächenströmungen des Meeres haben in der Regel mehrere dieser Sachverhalte zur Ursache, die nicht immer getrennt werden können. Eine stark vereinfachte Vorstellung von den Strömungsverhältnissen an der Oberfläche des Weltmeeres gibt die Abbildung 20.

Die Passate als außerordentlich großräumige und beständige Glieder der atmosphärischen Zirkulation verursachen im Atlantik, im Pazifik sowie im südlichen Indischen Ozean die starken westwärts gerichteten Äquatorialströme. Im Atlantik kommt es vor Südamerika zu einem Stau. Ein Teil der Wassermassen des Südäquatorialstromes zieht als Brasilstrom südwärts, die übrigen Wassermassen treten in das Amerikanische Mittelmeer und in den Golf von Mexiko ein, wo sie wie bereits auf ihrem bisherigen Wege in äquatorialen Breiten weiter erwärmt werden. Durch die Floridastraße treten sie dann als kräftige Druckströmung in den Atlantik aus, folgen nach ihrer Vereinigung mit dem Bahamastrom zunächst der Ostküste Nordamerikas und wenden sich dann ungefähr auf der Breite von Kap Hatteras nordostwärts in den mittleren Nordatlantik. Hier werden sie als Golfstromdrift bezeichnet. Ein Teil dieser Drift führt in den nordöstlichen Altantik bis in hohe Breiten, ein zweiter Ast zieht als Kanarenstrom südwärts und schließt damit einen Stromring. In gleicher Weise zirkuliert das Wasser im südlichen Atlantik, im nördlichen und südlichen Pazifik sowie im südlichen Indischen Ozean. Die Strömungen im nördlichen Indischen Ozean sind dem Monsunregime in dieser Region untergeordnet. Zur Zeit des Winter- bzw. Nordostmonsuns stellt sich hier eine kräftige Westströmung ein, die den Nordäquatorialströmen entspricht. Im Arabischen und im Bengalischen Meer bilden sich schwache antizyklonale Strömungen aus, an der Somaliküste zieht der Somalistrom südwärts. Zur Zeit des Sommer- bzw. Südwestmonsuns kehrt der Somalistrom seine Richtung um und setzt nach Nordosten. Zusammen mit südöstlich und östlich gerichteten Strömungen vor der vorderindischen Halbinsel sowie dem südlichen Äquatorialstrom bildet er ebenfalls einen Stromring.

In den Stromringen aller Ozeane beider Halbkugeln ist die Strömung jeweils in den westlichen Abschnitten am stärksten. Hier erfolgt eine Zusammendrängung der Wassermassen auf verhältnismäßig schmale Strombänder mit großen Stromgeschwindigkeiten (Golfstrom, Brasilstrom, Kuroschio, Ostaustralstrom, Agulhasstrom).

Zwischen den Äquatorialströmen setzen die Äquatorialen Gegenströme nach Osten. Am kräftigsten ist diese Strömung im Pazifik entwickelt, wo sie über 1500 km verfolgt werden kann, wobei Geschwindigkeiten bis zu 1,5 m/s auftreten können. Im Indischen Ozean ist diese Strömung nur im Nordwinter entwickelt, im Nordsommer verschmilzt sie mit den generell nach Osten gerichteten Strömungen, die durch den Südwestmonsun in Gang gebracht werden. Ihren Antrieb erhalten diese Gegenströme aus einer Schrägstellung der Meeresoberfläche, die wegen der unsymmetrischen Anordnung des Windfeldes in Bezug auf den Äquator aus einer Konvergenz auf den äquatorialen und einer Divergenz auf der polaren Flanke der windschwachen Kalmenzone zustande kommt. Danach handelt es sich nicht um einen Rückstrom von Wassermassen in östlicher Richtung, nachdem sie sich vor den Kontinenten aufgestaut haben.

Auf der Südhalbkugel enden die Kontinente schon in verhältnismäßig niederen Breiten. So kann sich hier – angetrieben durch die besonders kräftig ausgebildete Westströmung der Westwindzone – eine ebenso kräftige Westwindtrift um die ganze Erde entfalten. Nur die Südspitze Südamerikas bildet ein Hindernis. Hier spaltet sich der Falklandstrom mit seinen ungünstigen klimatischen Auswirkungen auf Ostpatagonien ab.

Auf der Nordhalbkugel verhindern die Kontinente eine ausschließlich zonal geordnete ozeanische Zirkulation. An den Ostseiten der beiden Ozeane setzen warme Strömungen nordostwärts (Nordatlantischer Strom, Irmingerstrom, Westspitzbergenstrom, die aus dem Golfstrom hervorgehen; Alaskastrom). Auf der Westseite der Ozeane ziehen kalte Strömungen südwärts (Ostgrönlandstrom, Labradorstrom, Ojaschio- oder Kurilenstrom). Durch diese verschieden temperierten Strömungen wird ein scharfer klimatischer Kontrast zwischen den gegenüberliegenden Seiten der Ozeane und der angrenzenden Festländer geschaffen.

Im Arktischen Ozean sind nur schwache Strömungen entwickelt. Vom Atlantik her dringen die Ausläufer des Nordatlantischen Stromes an der Küste Skandinaviens und westlich von Spitzbergen bis in die Arktis vor. Vor Sibirien finden Wasserversetzungen vorwiegend in östlicher Richtung statt, vor Nordamerika verlaufen die Strömungen im wesentlichen in westlicher Richtung. Aus diesen von der Beringstraße her kommenden Strömungen entwickeln sich Wasserbewegungen, die, zum Teil über den Pol führend, auf beiden Seiten von Grönland und zwischen den nordamerikanischen Inseln nach dem Atlantik ziehen. Mit ihnen driften große Massen von Eis aus dem Arktischen in den Atlantischen Ozean.

Die kartographischen Darstellungen der Meeresströmungen durch Stromlinien und Pfeile sind sehr stark generalisierte Wiedergaben der wirklichen Strömungsverhältnisse. Ihr Bild ist ungleich komplizierter, wie etwa das Beispiel des Golfstromes zeigt, der von allen Meeresströmungen am besten untersucht und bekannt ist. Bis zum Kap Hatteras

Tabelle 14
Wassertransport durch den Golfstrom (in Mill. m³/s)

Floridastraße	32
Kap Hatteras	63
südlich von Neuengland	75–125
Nordatlantischer Strom	7
Irmingerstrom	2
Portugalstrom	4
Stromzweige, die den Kreislauf schließen	50

verläuft er am Kontinentalabhang Nordamerikas als schmales Stromband. Nach seiner Entfernung vom amerikanischen Kontinent führt der Strom horizontale Schwingungen aus. Bei einer Strombreite von 50 km können diese Auslenkungen 150 km betragen. Aus diesen Pendelungen entwickeln sich Strommäander, die mit dem Strome wandern und eine Breite bis zu 400 km erreichen können. Die mittlere Länge der Mäander beträgt etwa 300 km. Schließlich können sich einzelne Mäander als Stromwirbel vom Strome ablösen. Wirbel können auch als eigenständige Erscheinungen der Zirkulation mit bedeutender Dynamik und komplizierten Bewegungen auftreten. Zuerst zwischen Golf- und Labradorstrom beobachtet, wurden sie später auch im Pazifik festgestellt.

Mit dem Golfstrom sind auch Gegenströme verknüpft. Sie treten an beiden Flanken sowie unter dem Strom auf und können als Gegenströme zu den Mäandern verstanden werden. Schließlich ist dort, wo der Golfstrom ein nur schmales Stromband darstellt, auch eine Querzirkulation ausgebildet. Dadurch werden ständig Wassermassen aus dem Strom an die Umgebung abgegeben, aber auch andere Wassermassen in die Strömung einbezogen. Zum komplizierten Bild des Golfstromes tragen schließlich auch periodische und unperiodische Schwankungen der Stromgeschwindigkeit bei. Damit schwanken auch die transportierten Wassermasssen erheblich. Eine Vorstellung von den Ausmaßen der Wasserversetzungen durch Meeresströmungen soll die Tabelle 14 geben.

Aus den transportierten Wassermengen wird ersichtlich, welche Bedeutung die Meeresströmungen durch den damit verbundenen Transport von Wärme für die klimatischen Verhältnisse in den hohen Breiten haben. Mit dem Golfstrom bzw. mit dem Nordatlantikstrom werden in jeder Sekunde etwa $33,5 \cdot 10^{12}$ J ($8 \cdot 10^{12}$ cal). über den 60. Breitengrad nordwärts transportiert. Ostgrönlandstrom und Labradorstrom haben eine entgegengesetzte Wirkung. Im Endeffekt stehen eine thermische Benachteiligung an der Westseite des Atlantiks und eine Begünstigung an seiner Ostseite gegenüber. Die Oberflächenwassertemperaturen zeigen ein entsprechendes Bild: Während die gesamte

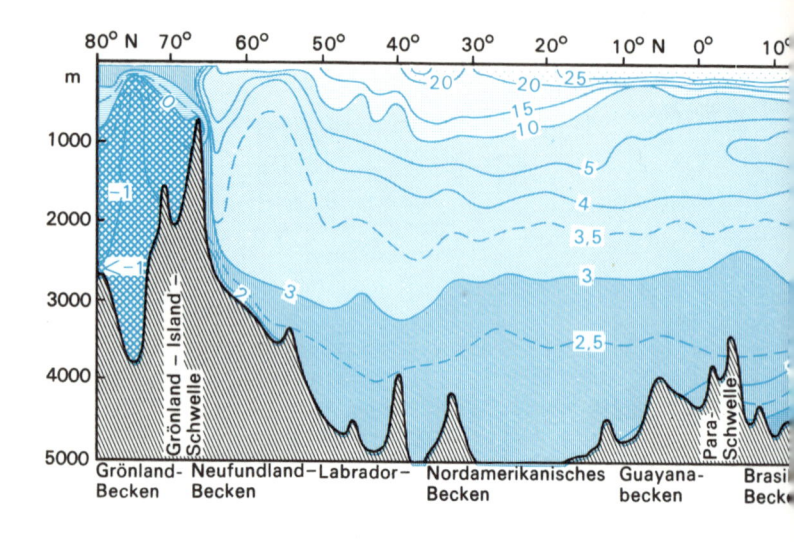

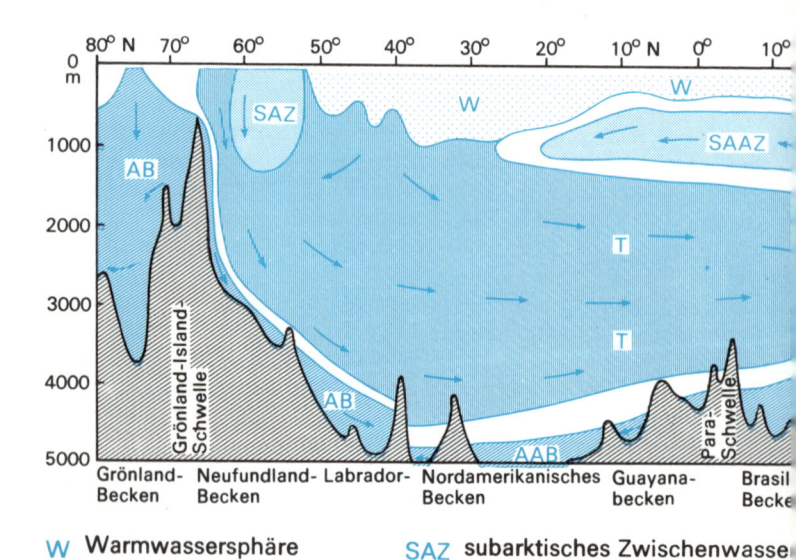

W Warmwassersphäre
T Tiefenwasser
SAZ subarktisches Zwischenwasser
AB arktisches Bodenwasser

72

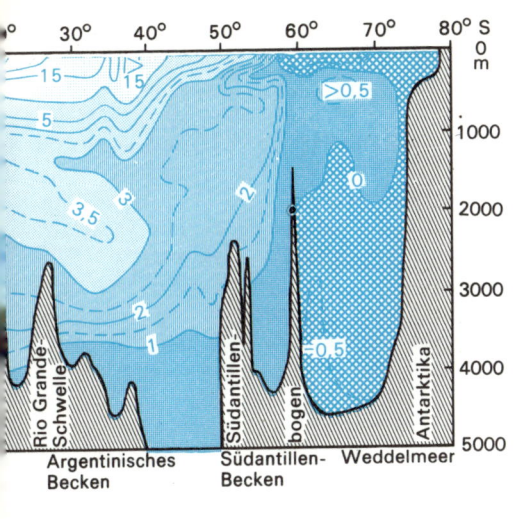

Abbildung 21
Vertikale Verteilung der Temperatur (in °C) im Atlantik (Längsschnitt auf der Westseite)
(aus DIETRICH u. a. 1975)

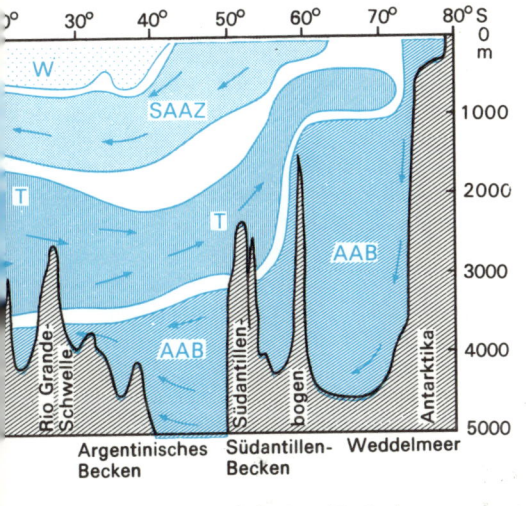

Abbildung 22
Wassermassen und ihre Ausbreitung im Atlantik (Längsschnitt auf der Westseite)
(aus DIETRICH u. a. 1975)

SAAZ subantarktisches Zwischenwasser
AAB antarktisches Bodenwasser

Atlantikküste Skandinaviens bis Murmansk auch im Winter eisfrei bleibt, erreichen sogar im Sommer erst vor der Südspitze von Grönland die Temperaturen positive Werte.

Eine besondere Form der Vertikalzirkulation rufen Meeresströmungen hervor, die von einem Festland weggerichtet sind. Das Massendefizit, das dabei unmittelbar vor der Küste entsteht, wird durch aus der Tiefe aufsteigendes kaltes Wasser ausgeglichen. Die klimatischen Auswirkungen dieses Auftriebwassers sind negativ, da aber das kühle Tiefenwasser sehr nährstoffreich ist, ermöglicht es eine kräftige Entfaltung des *Planktons* und am Ende der Nahrungskette einen auffallenden *Fischreichtum*. Solche Auftriebwasserbereiche liegen in den Passatbereichen vor den Westküsten von Nordafrika, Südwestafrika sowie Nord- und Südamerika. Die Meeresströmungen rufen nicht nur den Aufstieg dieses Wassers hervor, sondern verbreiten es auch über große Gebiete der Ozeane, wodurch die Verteilung der Oberflächenwassertemperaturen in den Ozeanen maßgeblich mitbestimmt wird.

Auftriebwasser ist auch mit den äquatorialen Gegenströmen verbunden. Durch eine Querzirkulation ergeben sich an der Oberfläche Divergenzen und Konvergenzen. In den ersteren an der Nordflanke der Strömungen erscheint Tiefenwasser. Auf seinem Nährstoffreichtum basiert zum Beispiel im Pazifik die japanische Thunfischerei.

In den hohen Breiten erfährt das Meerwasser eine ständige Abkühlung, wobei große Wärmemengen an die Atmosphäre abgegeben werden. Die dabei eintretende Vergrößerung der Dichte des Meerwassers hat eine ständig vor sich gehende Absinkbewegung des Wassers zur Folge. Die auf diese Weise entstehenden Wasserkörper nehmen die Räume in größerer Tiefe ein, die ihrer Dichte entsprechen und in denen sie sich mit den übrigen Wassermassen in einem Gleichgewichtszustand befinden. Die Verhältnisse im Atlantik zeigen die Abbildungen 21 und 22 in meridionalen Profilen durch seinen Westteil.

Aus dem Temperaturprofil wird zunächst ersichtlich, daß die Warmwassersphäre nur eine dünne Schicht etwa zwischen 65 Grad nördlicher und 40 Grad südlicher Breite bildet. Das gesamte übrige Meer ist von kaltem Wasser mit Temperaturen unter 10 °C, größtenteils aber unter 5 °C erfüllt. Das kalte Wasser beherrscht an der Oberfläche die hohen Breiten, wird hier durch Abkühlung erst gebildet und breitet sich unter der Warmwassersphäre äquatorwärts aus, wobei nach Herkunft und verschiedenen Salzgehalten verschiedene Wasserkörper unterschieden werden. Am Rande von Antarktika, vor allem in der Weddellsee, entsteht das antarktische Bodenwasser, das sich von hier auf dem Meeresboden bis 40 Grad nördlicher Breite ausbreitet. An der Oberfläche nimmt ein Teil dieses Wassers an der Zirkulation um Antarktika teil. Zwischen 60 und 45 Grad südlicher Breite entsteht das subantarktische Zwischenwasser, das sich nordwärts unmittelbar unter

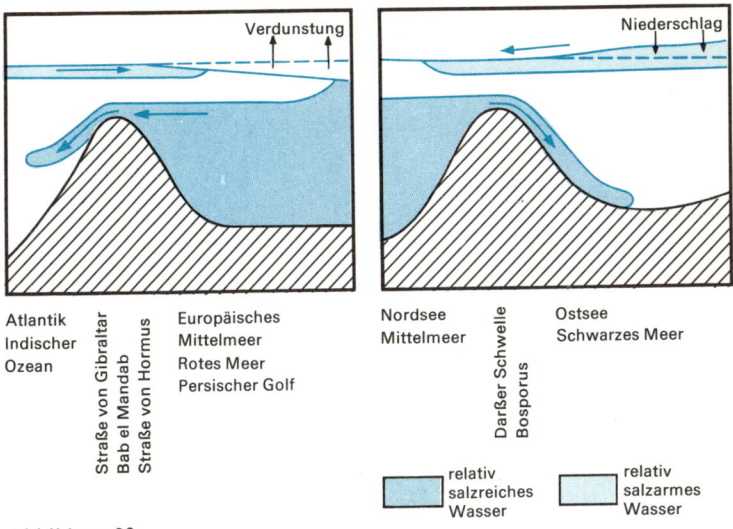

Abbildung 23
Wasseraustauschvorgänge zwischen Ozeanen und Nebenmeeren
(nach DIETRICH u. a. 1975)

die Warmwassersphäre schiebt. Zwischen 70 und 80 Grad nördlicher Breite wird das arktische Bodenwasser gebildet, das bis 40 Grad nördlicher Breite vordringt. Zwischen 53 und 65 Grad nördlicher Breite haben das subarktische Zwischenwasser und das Tiefenwasser ihren Ursprung. Letzteres nimmt den ganzen Raum zwischen den beiden Bodenwassern und dem subarktischen Zwischenwasser ein. Die Geschwindigkeiten, mit denen sich diese Wässer ausbreiten, sind klein und liegen zwischen 3 und 5 cm/s (0,11 und 0,18 km/h), nur in Extremfällen wurden größere Werte ermittelt. Trotzdem sind diese Wasserbewegungen der Tiefenzirkulation von kräftiger Dynamik, denn beispielsweise der Wasserkörper des Tiefenwassers ist insgesamt 15 000 km lang, aber nur 4,5 km mächtig. Ohne die mehr als 1000fache Überhöhung der beiden Profile erschiene er in der Abbildung 22 nur 0,02 mm mächtig.

Die Tiefenzirkulation, die ganz ähnlich auch im Pazifischen und im Indischen Ozean vor sich geht, kompensiert Wasserverlagerungen durch die Oberflächenströmungen und bewirkt einen Wasseraustausch bis auf den Meeresboden, mit dem vor allem eine Durchlüftung und Versorgung mit Sauerstoff in der Tiefsee stattfindet. Eine unmittelbar praktische Bedeutung hat dieser Sachverhalt insofern, als der Meeresboden deshalb nicht als Deponie beliebiger Abfall-, Schad- oder gar

	(in km³/Jahr)	(in mm)
Zuflüsse	+ 479	
Niederschlag	+ 183	474
Verdunstung	− 183	474
Ausstrom	−1216	
Einstrom	+ 737	

Tabelle 15
Wasserbilanz der Ostsee

Giftstoffe benutzt werden kann, weil diese über große Entfernungen weiter verfrachtet werden und praktisch in alle Bereiche des Meeres gelangen können.

Dichteunterschiede des Meerwassers zusammen mit einem nicht ausgeglichenen Wasserhaushalt sind die Ursachen von Wasseraustauschvorgängen zwischen den Ozeanen und Nebenmeeren. Die Ostsee erhält jährlich den Zufluß von 479 km³ Wasser, weitere 183 km³ erhält die Ostsee aus Niederschlägen, aber nur die gleiche Wassermenge, nämlich auch 183 km³ verdunsten im Jahr aus der Ostsee. Könnte der sich daraus ergebende Wasserüberschuß nicht in die Nordsee abfließen, würde der Spiegel der Ostsee jährlich um 124 cm ansteigen. Andererseits strömen jährlich 737 km³ salzreicheren und deshalb relativ schweren Wassers aus der Nordsee in die Ostsee ein, so daß sich die aus Tabelle 15 ersichtliche Gesamtbilanz ergibt. Der Einstrom von Nordseewasser erfolgt nicht gleichmäßig, sondern in Schüben in Abhängigkeit von den meteorologischen Verhältnissen und den Wasserständen in der westlichen Ostsee und im Kattegat. Diese Einschübe salz- und vor allem sauerstoffreicheren Wassers sind von großer Bedeutung für die biologischen Verhältnisse in der Ostsee. Sie sind die einzige Möglichkeit des Wasseraustausches für die einzelnen Tiefenbecken, in denen sich ohne Wassererneuerung ein lebensfeindliches Milieu entwickeln würde.

Das Mittelmeer hat ständig eine negative Wasserbilanz. Sein Spiegel würde jährlich um etwa 80 cm absinken, erfolgte nicht ständig durch die Straße von Gibraltar ein Zustrom von Wasser aus dem Atlantik. Umgekehrt strömt Bodenwasser des Mittelmeeres mit einem höheren Salzgehalt in den Atlantik aus. Ähnliche Verhältnisse liegen beim Roten Meer und beim Persischen Golf vor. Zwischen dem Mittelmeer und dem Schwarzen Meer gehen Austauschvorgänge wie zwischen Nordsee und Ostsee vor sich. Die Tabelle 16 gibt eine Übersicht über die ausgetauschten Wassermassen.

Die Kenntnis der Meeresströmungen konnte in den letzten Jahrzehnten wesentlich erweitert und vertieft werden. Mit der Auswertung von Besteckversetzungen von Schiffen, zufälligen Beobachtungen von Treibgut, Wracks, Eisbergen und Flaschenpost konnte man nicht über

Nordsee	←	1216	
		737	→ Ostsee
	Bilanz:		
Nordsee	←	479	

		55 400	→ Mittelmeer
Atlantik	←	52 980	
	Bilanz:		
		2 420	→ Mittelmeer

Mittelmeer	←	348	
		193	→ Schwarzes Meer
	Bilanz:		
Mittelmeer	←	155	

Tabelle 16
Wasseraustausch zwischen Ozeanen und Nebenmeeren (in km^3/Jahr)

ein allgemeines summarisches Bild der Meeresströmungen hinausgelangen. Aus Driftkörpern können immer nur Anfangs- und Endpunkt der Strombewegungen ermittelt werden, nicht aber Einzelheiten des zurückgelegten Weges. Über die Geschwindigkeit der Driften konnte überhaupt nichts gesagt werden. Die Zahl direkter Strommessungen im offenen Meer blieb klein, außerdem lieferten sie nur mittlere Geschwindigkeiten über die jeweiligen Beobachtungszeiträume.

Neuere Untersuchungsverfahren bestehen in der wiederholten oder laufenden Bestimmung des Ortes von Driftbojen, die auch mit Radiosonden ausgestattet werden können. Ihre Ortung kann von Flugzeugen aus oder mit Satelliten vorgenommen werden. Aber auch hierbei ist der Anteil der Winddrift nicht auszuschalten. Über die Wassertemperaturen ist eine optische Erfassung von Stromgebilden möglich geworden. Mit Luft- bzw. Satellitenaufnahmen im Infrarotbereich können die Oberflächenwassertemperaturen erfaßt werden. Bei entsprechenden Temperaturkontrasten, wie sie bei warmen oder kalten Meeresströmungen in ihrer anders temperierten Umgebung vorliegen, lassen sich die Strömungsverhältnisse gut erkennen. Aber auch die Methode der direkten Strommessung konnte wesentlich verbessert werden. Verankerungssysteme, die an beliebigen Stellen im Meer eingesetzt werden können, ermöglichen über Registrier- und Funkeinrichtungen kontinuierliche Strombeobachtungen. Mit elektronischen Mitteln ist auch die Strommessung vom fahrenden Schiff aus möglich geworden.

Regionale Einheiten des Meeres
– Meereslandschaften

Eine geographische Gliederung des Weltmeeres und die Beschreibung der ausgesonderten Teilgebiete, wie sie bereits als Ziel einer geographischen Betrachtung bezeichnet wurden, stehen vor außergewöhnlichen Schwierigkeiten. Optisch bietet die Meeresoberfläche keine nennenswerten Anhaltspunkte oder Hinweise für eine solche Gliederung. Der Betrachter gewinnt zunächst nur den Eindruck einer endlos scheinenden Weite, in der sich für das Auge wenig Abwechslung zeigt. Der Seegang kann sehr unterschiedlich sein, die Farbe des Meerwassers wechselt merklich, in den hohen Breiten kommt die Eisbedeckung oder Treibeis hinzu. Die entscheidenden Sachverhalte des Gesamtmilieus aber bleiben dem Auge verborgen: die Temperatur des Meerwassers, sein Chemismus und insbesondere sein Salzgehalt, die Lebewelt und ihre Lebensbedingungen. Auch die Bewegungen des Wassers in der Form von Meeresströmungen sind nicht ohne weiteres feststellbar. Alle diese Gegebenheiten finden auch keinen irgendwie gearteten Gesamtausdruck, wie das beim Landschaftsbild auf dem Festlande und insbesondere mit seinem Pflanzenkleid der Fall ist.

Alle diese Daten müssen erst durch zum Teil aufwendige Beobachtungs- und Forschungstätigkeit beschafft werden. Nichtsdestoweniger ist eine Gliederung des Weltmeeres aus mehreren Gründen eine wichtige Aufgabe. Die allgemeine Meereskunde erfaßt, beschreibt und erklärt die Einzelerscheinungen und -prozesse, wie beispielsweise die Temperaturverhältnisse, den Stoffgehalt und Stoffhaushalt des Meerwassers, den Energiehaushalt des Meeres, die Lebensbedingungen im Meer und ähnliches. Zu ihren Aufgaben zählen auch die Beschreibung und die ursächliche Erklärung der geographischen Verbreitung dieser Einzelsachverhalte. Damit ist aber noch kein konkreter Meeresraum beschrieben. Eine Regionalgliederung des Weltmeeres ist Methode und Ziel einer solchen Beschreibung zugleich. Das Vorhaben läuft auf die Erfasssung und Abgrenzung von Meeresgebieten hinaus, die – jeweils im Hinblick auf den Maßstab der Betrachtung – als homogene Gebilde verstanden werden können. Diese Homogenität soll so weitgehend wie möglich sein und vor allem in der Ausstattung bzw. in den einzelnen meereskundlichen Merkmalen, in den ablaufenden Prozessen, in den Bedingungen einer eventuellen Nutzung und schließlich auch in den zu erwartenden Reaktionen bei Eingriffen von außen bestehen. Die Herausfindung und Abgrenzung solcher homogener Raumeinheiten setzt genaue sachliche und regionale Kenntnisse voraus, veranlaßt zu ständigem Vergleich, zur Feststellung von Übereinstimmungen und Unterschieden, und hat insofern auch eine wichtige erkenntnisfördernde Funktion.

Die ältesten Versuche, regionale Unterscheidungen im Weltmeer vorzunehmen, mußten ohne nennenswerte meereskundliche Kenntnisse auskommen.

Die „sieben Meere", die man bereits im Altertum unterschied, waren nur nach ihrer Lage charakterisiert, wie etwa Mittelmeer, Rotes Meer, Ostafrikanisches Meer und andere, und entsprachen dem damaligen Stand der Entdeckungen. Einen wirklichen Fortschritt bei den Bemühungen um eine Gliederung des Meeres hat es praktisch erst in diesem Jahrhundert gegeben, als die moderne meereskundliche Forschung eine gewisse Menge an Datenmaterial bereitgestellt hatte, das als zuverlässige Grundlage für Gliederungen dienen konnte. Im Folgenden soll jeweils am Beispiel des Atlantischen Ozeans ein Überblick über einige Gliederungsversuche gegeben und die jeweilige Verfahrenstechnik erörtert werden.

Zunächst soll aber erst eine Einteilung des Meeres erwähnt werden, die, in erster Linie nur nautischen Zwecken dienend, das eigentliche Problem noch nicht berührt. Der Seehydrographische Dienst der DDR hat als Karte 5001 eine Darstellung der nautischen Grenzen des Meeres herausgegeben. Sie beruht auf Veröffentlichungen des Internationalen Hydrographischen Büros in Monaco und des Hydrographischen Dienstes der UdSSR. Ihr Entwurf geht von der Küstengestaltung der Kontinente, der Lage der Inseln und Inselketten, zum Teil auch vom submarinen Relief mit seinen Schwellen und Rücken aus, nicht aber von hydrographischen oder klimatischen Gesichtspunkten. Eigenschaften von Wasserkörpern bleiben außer Betracht, waren auch nicht in die Überlegungen einbezogen, denn diese Karte dient als Grundlage der Verständigung in erster Linie einer allgemeinen Orientierung. Der Atlantik ist mehr oder weniger schematisch in drei Teilgebiete gegliedert, innerhalb derer Nebenmeere und Teilgebiete von Nebenmeeren unterschieden werden, ohne daß diese Systematik konsequent durchgeführt ist. Zahlreiche kleinere Meeresgebiete sind offenbar aus historischen und praktischen Gründen des Seeverkehrs mit eigenen Namen versehen und abgegrenzt worden, ohne daß sie als Neben- oder Randmeere bezeichnet werden können. Deshalb wurde auch auf eine solche Systematik bei der Wiedergabe der Karte verzeichnet. Die

Abbildung 24
Namen und nautische Grenzen im Atlantischen Ozean
(nach Karte 5001 des Seehydrographischen Dienstes der DDR)

sehr ins einzelne gehende Untergliederung von Nord- und Ostsee sowie des Mittelmeeres wurde wegen des kleinen Maßstabes der Karte weggelassen.

1936 legten zwei namhafte deutsche Ozeanographen Gliederungen des Weltmeeres vor, an denen die Schwierigkeit der Aufgabe deutlich wurde. Wüst erläuterte zunächst, welche Sachverhalte zur Grundlage einer Gliederung des Meeres herangezogen werden sollten, und kam dabei zu dem überraschenden Schluß, daß sich ozeanographische und insbesondere hydrographische Gegebenheiten nicht dazu eignen. Sie liefern nach seiner Meinung kein mögliches Einteilungsprinzip, weil in ihrer Vielfalt kein dominierendes Grundprinzip herrsche, das sich für eine Gliederung eignen würde. Wüst meinte, bei dieser Sachlage könnte nur noch das submarine Relief als Ordnungsprinzip in Betracht kommen. Alle anderen Verfahren, insbesondere die von den hydrographischen und klimatischen Bedingungen ausgehenden, führten wie die im Anschluß zu besprechende Gliederung von Schott nur zu subjektiven Lösungen. Die Gliederung von Wüst ist unter diesen Voraussetzungen eine Karte der Meeresbecken, nicht aber wie ihr Autor meinte, eine „Aufteilung des Meeres auf morphologischer Grundlage". Diese Becken sind zwar von gewisser Bedeutung für die hydrographischen Verhältnisse des Meeres, wie das Beispiel der Ostsee oder des südlichen Atlantischen Ozeans zeigt, wo der Austausch bzw. die Erneuerung des Bodenwassers maßgeblich von der Gestaltung des Meeresbodens mit abhängt, liefern aber keine ausreichende Grundlage für eine räumliche Gliederung des Weltmeeres, die vor allem ozeanographischen Bedingungen gerecht werden muß. Auf die Gesamtheit dieser hat das submarine Relief in der Regel zu wenig Einfluß.

Die Gliederung von Schott, die ebenfalls 1936 erschien, baut auf einem umfassenden Ansatz auf. Ausgehend von Querschnitten durch die wesentlichsten Tatsachen der Ozeanographie sowie der marinen Meteorologie und Klimatologie nach ihrer räumlichen Anordnung und in ihrem Jahresablauf versucht er, „natürliche Regionen" des Meeres abzugrenzen. Beide Gruppen von Sachverhalten stellen wesentliche Eigenschaften der Meeresräume dar, und zwischen beiden bestehen enge Zusammenhänge und Wechselwirkungen. Einzelmerkmale können auch als repräsentativ für ganze Gruppen von Merkmalen stehen, wie etwa Wind- oder Strömungsrichtungen. Daß auch bei dieser Verfahrensweise viele meereskundlich wichtige Sachverhalte unberücksichtigt bleiben bzw. bleiben müssen, ist offenkundig. Insbesondere beschränkt sich Schott auf die oberflächennahen Wasserschichten, die Tiefsee bleibt außer Betracht. Zwischen beiden bestehen nur unter bestimmten Bedingungen Beziehungen, während meist eine kräftig ausgebildete thermische Sprungschicht jeden Austausch zwischen ihnen verhindert. Außerdem hielt Schott ihre Berücksichtigung für eine geographische Gliederung für nicht notwendig.

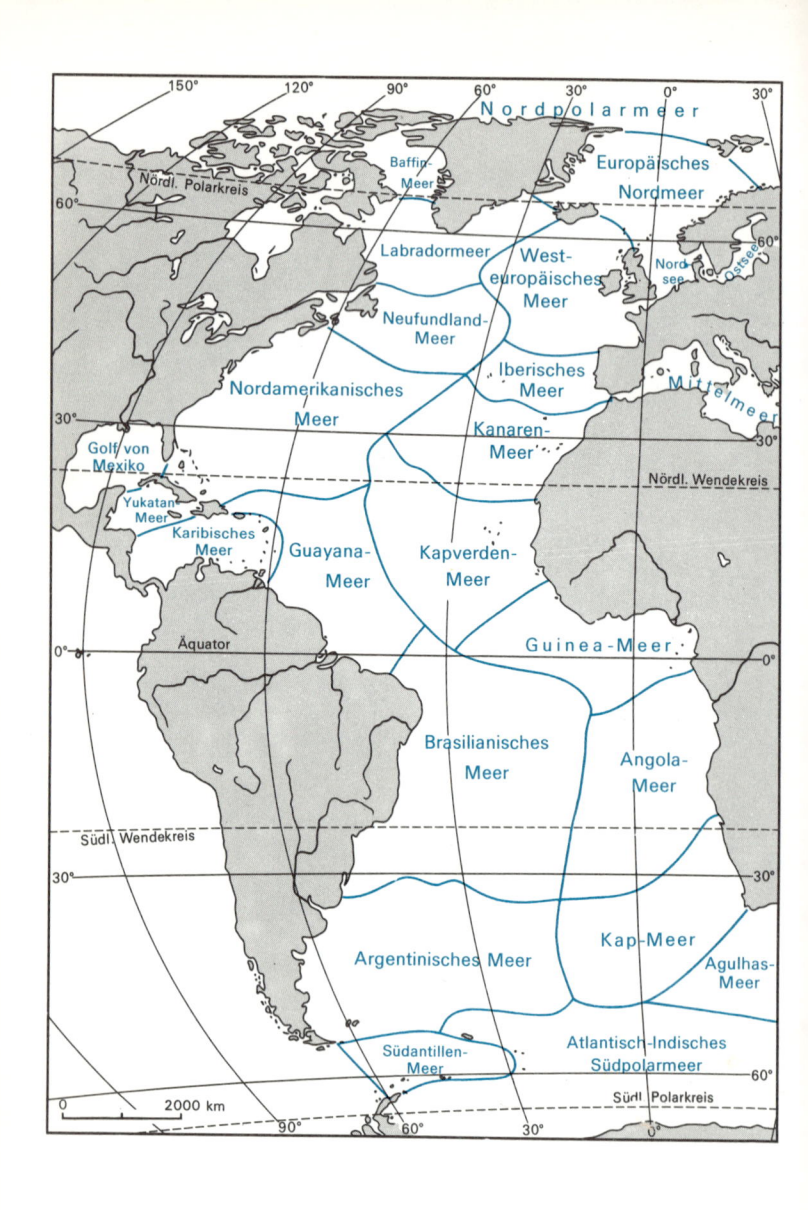

Abbildung 25
Die Gliederung des Atlantischen Ozeans auf morphologischer Grundlage
(nach WÜST 1936)

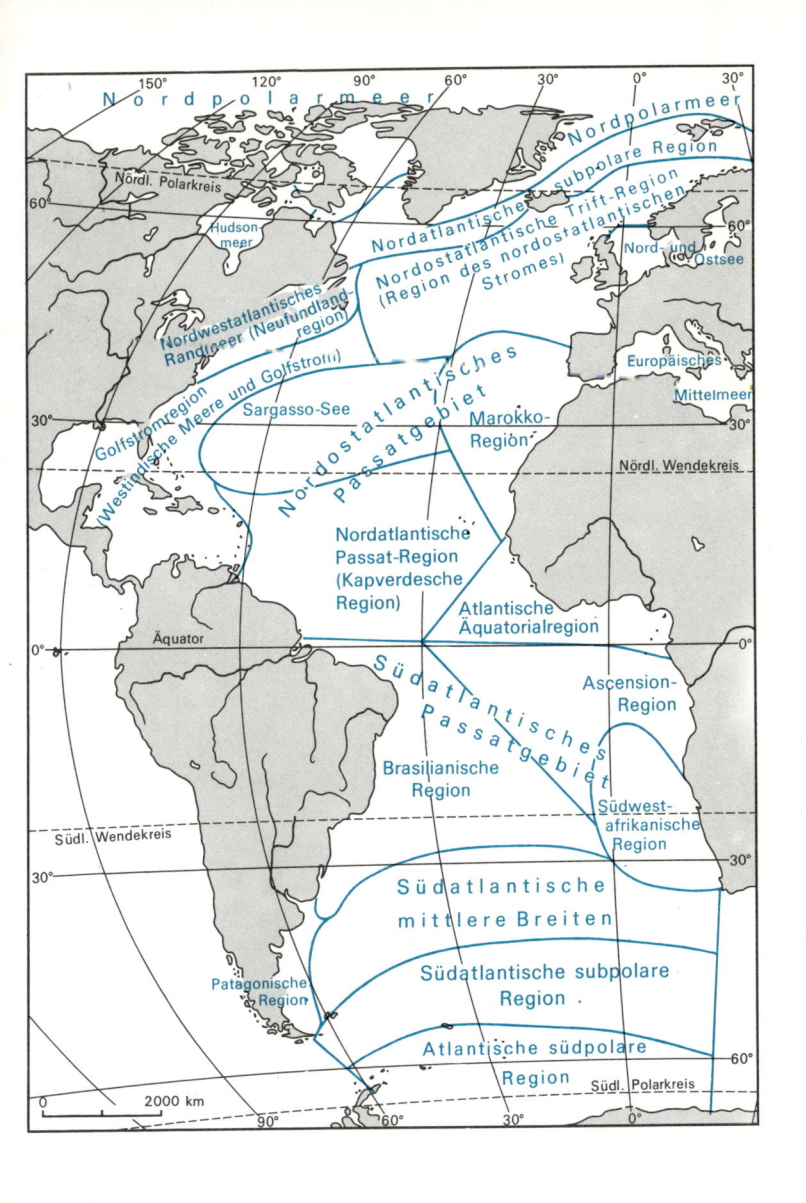

Abbildung 26
Die natürlichen Regionen des Atlantischen Ozeans
(nach SCHOTT 1936)

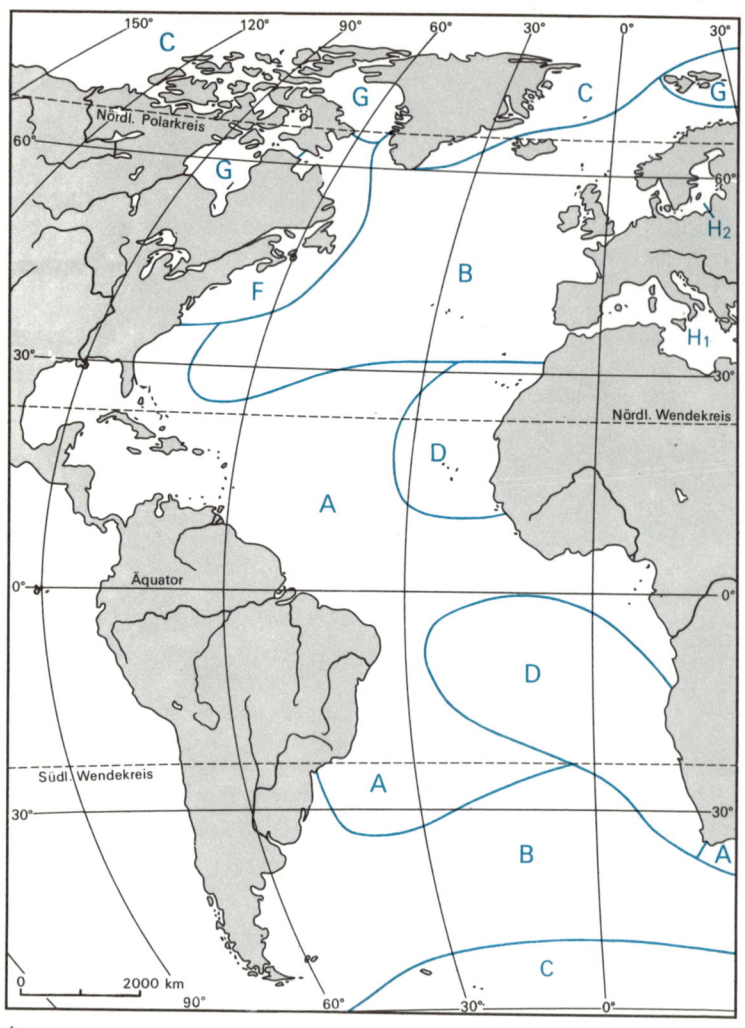

A Meeresgebiete niederer Breiten
B Meeresgebiete mittlerer Breiten
C Meeresgebiete hoher Breiten
D Antizyklonale Auftriebswassergebiete

E_1 Monsungebiete mit hohem Salzgehalt ⎫ im Atlantik
E_2 Monsungebiete mit niedrigem Salzgehalt ⎭ nicht vorkommend

F Meeresgebiete vor den Ostseiten der Kontinente in mittleren Breiten
G Kontinental beeinflußte Meeresgebiete in polaren Breiten
H_1 Mittelmeere mit hohem Salzgehalt
H_2 Mittelmeere mit niedrigem Salzgehalt

Abbildung 27
Gliederung des Atlantischen Ozeans durch ELLIOT (nach GEMBEL 1979)

Wie schon Wüst betont hatte, ist eine Einbeziehung der tieferen Schichten des Meeres in eine Gliederung kaum möglich. Die in größeren Tiefen meist völlig anderen Verhältnisse legen vielmehr nahe, Regionaleinheiten des Meeres in mindestens zwei Stockwerken übereinander zu unterscheiden. Aber selbst bei Außerachtlassung einer größeren Zahl von Sachverhalten bzw. Merkmalen bleibt die Schwierigkeit bestehen, daß sich die Verbreitung einzelner Merkmale nur ausnahmsweise deckt. Je mehr Merkmale berücksichtigt werden, umso verworrener wird das Bild ihrer Grenzlinien, eine Grenzfindung unmöglich. Hinzu kommt, daß es sich wie auf den Festländern auch im marinen Bereich fast stets um allmähliche Übergänge über breite Grenzsäume zwischen den einzelnen Einheiten handelt.

Da Schott von hydrographischen und klimatischen Gegebenheiten ausgeht, kann nicht überraschen, daß seine natürlichen Regionen in großen Bereichen eine zonale Anordnung zeigen. Die Bezeichnungen sind zwar nach der Lage gewählt, womit der Eindruck entsteht, daß es sich um jeweils einmalige individuelle Regionen handelt. Schon die Weltkarte der Regionen läßt aber erkennen, daß es sich im Prinzip um Typen handelt, die jeweils im Atlantischen, Indischen und im Pazifischen Ozean vertreten sind wie zum Beispiel die Äquatorial- und Passatregionen sowie die Regionen der mittleren und subpolaren Breiten. An den West- und Ostseiten insbesondere des Atlantischen und Pazifischen Ozeans wird aber auch deutlich, daß die Zonalität nicht alleiniges Ordnungsprinzip ist. Die Golfstromregion, die nordatlantische subpolare Region und die nordostatlantische Triftregion, eine weit südwärts reichende Ausbuchtung der Brasilianischen Region sowie die Patagonische Region und schließlich die Marokko- und Südwestafrikanische Region ordnen sich nicht dem Zonalitätsprinzip ein.

Die physisch-geographischen Typen des Meeres von Elliot, einem amerikanischen Ozeanographen (referiert nach Gembel 1979) geben nur eine sehr grobe Übersicht. Trotzdem ist unschwer zu erkennen, daß der Autor die zonale Verteilung der natürlichen Verhältnisse für entscheidend hält, was schon in den Bezeichnungen für die Meeresgebiete zum Ausdruck kommt. Trotzdem werden auch hier die großen Ausnahmen deutlich: die Auftriebwassergebiete vor den Westküsten und die Asymmetrie der Verhältnisse am West- und Ostrand des Atlantischen Ozeans. Weitere Sachverhalte, die gegen eine ausnahmslose Geltung des Zonalitätsprinzips sprechen, erscheinen aus Maßstabsgründen nicht in der Gliederung.

Die natürlichen Zonen der Gliederung von Bogdanov (1961) sind in enger Anlehnung an die geographischen Zonen der Festländer abgegrenzt. Störungen in der breitenkreisparallelen Anordnung der Zonen erscheinen nur im Nordatlantik, ansonsten sind sie durch geringfügige Ausbuchtungen der Grenzlinien etwa an den Küsten von Argentinien oder Südwestafrika nur noch angedeutet. Gravierende

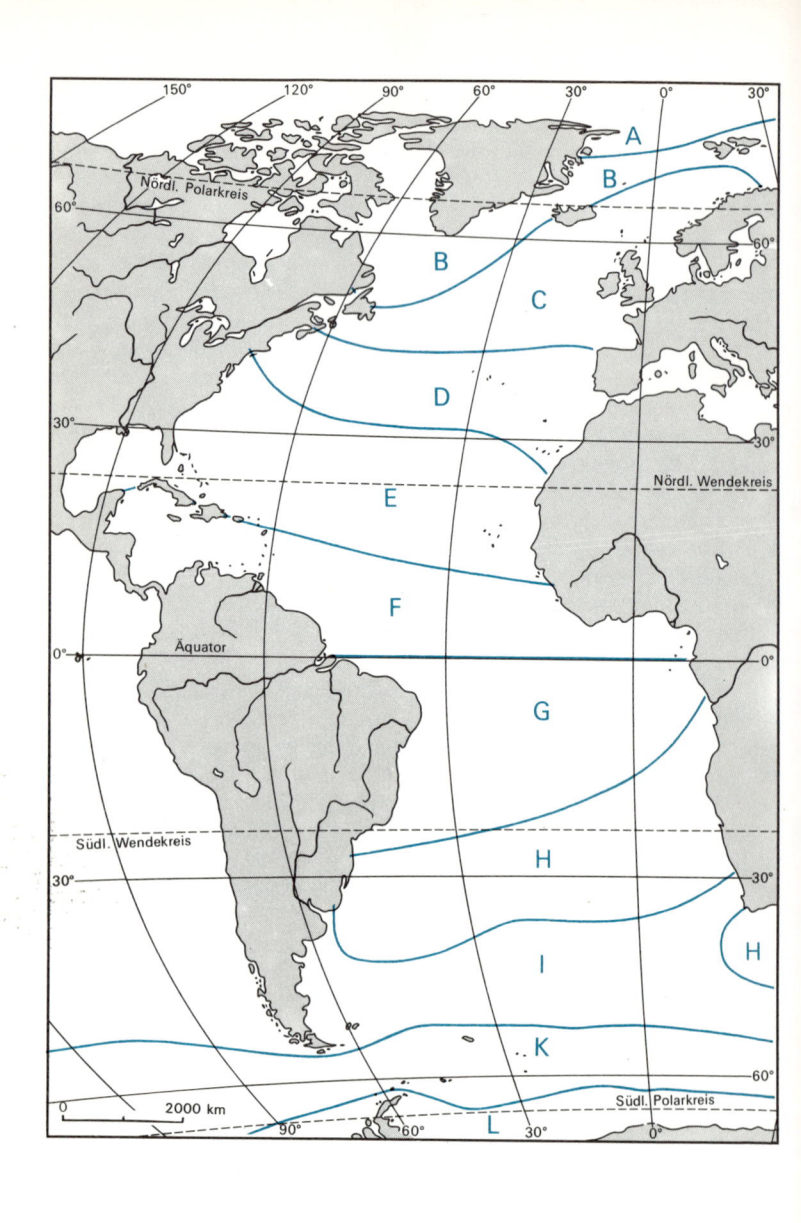

Abbildung 28
Natürliche Zonen des Atlantischen Ozeans
(nach BOGDANOV 1961)

Zonen des Atlantischen Ozeans	Entsprechende Zonen auf dem Festland
A Polare oder arktische Zone	Arktische Zone (Eiswüste)
B Subpolare oder subarktische Zone	Subarktische Zone (Tundra und Waldtundra)
C Gemäßigte Zone	Gemäßigte Zone (Taiga-Steppe)
D Subtropische Zone	Trockene und feuchte Subtropen und nördliche Teile der Wüste
E Tropische Zone (Passatzone)	Tropische Wüsten und Savannen
F Äquatoriale Zone	Äquatoriale Wälder
G Tropische Zone (Passatzone)	Savannen und tropische Wüsten
H Subtropische Zone	Trockene und feuchte Subtropen
I Gemäßigte Zone	Gemäßigte Zone (waldlos)
K Subpolare oder subarktische Zone	Subpolare Zone
L Polare oder antarktische Zone	Vereiste Zone der Antarktis

Legende zu Abbildung 28

ozeanographische Gegebenheiten sind offensichtlich im Interesse einer weitgehenden Übereinstimmung mit den Zonen auf den Festländern außer acht gelassen.

In den geographischen Provinzen des Meeres von GEMBEL (1979), die ebenfalls in Anlehnung an die geographischen Zonen oder Gürtel der Festländer abgegrenzt wurden, ist ebenfalls der Versuch zu erkennen, dem Prinzip der Zonalität und zugleich auch seinen Störungen bzw. Abwandlungen gerecht zu werden. Der Autor löst diese Aufgabe, indem er die überwiegend breitenkreisparallel angeordneten Zonen im Meeresbereich in Provinzen untergliedert, die immer als Typen zu verstehen sind, auch wenn in ihren Bezeichnungen wie bei SCHOTT Hinweise auf die Lage überwiegen. Die Parallelen zu vielen Einzelheiten in der Gliederung von SCHOTT sind mühelos zu erkennen. In zahlreichen Fällen erscheinen die Grenzziehungen der Provinzen sehr schematisch.

Während alle diese Gliederungsversuche bemüht waren, analog den Verhältnissen auf den Festländern auch im Weltmeer die regionale Differenzierung der natürlichen Verhältnisse im wesentlichen mit dem Prinzip der Zonalität zu erfassen, wählte DIETRICH (1956) ein anderes Verfahren. Er nimmt den Massentransport im Meer nach Richtung und Stärke, wie er in den Karten der Oberflächenströmungen zum Ausdruck kommt, als Grundlage seiner Gliederung des Weltmeeres. Dieser Massentransport ist aus folgenden Gründen repräsentativ für zahlreiche Sachverhalte eines Meeresraumes: In Oberflächennähe vollziehen sich die Energieumsetzungen, hier ist das Leben im Meer konzentriert. Die Oberflächenströmungen stehen in engem ursächlichen Zusammenhang mit den meteorologisch-klimatologischen Gegebenheiten. Die Wassermassen der Strömungen haben meist eine

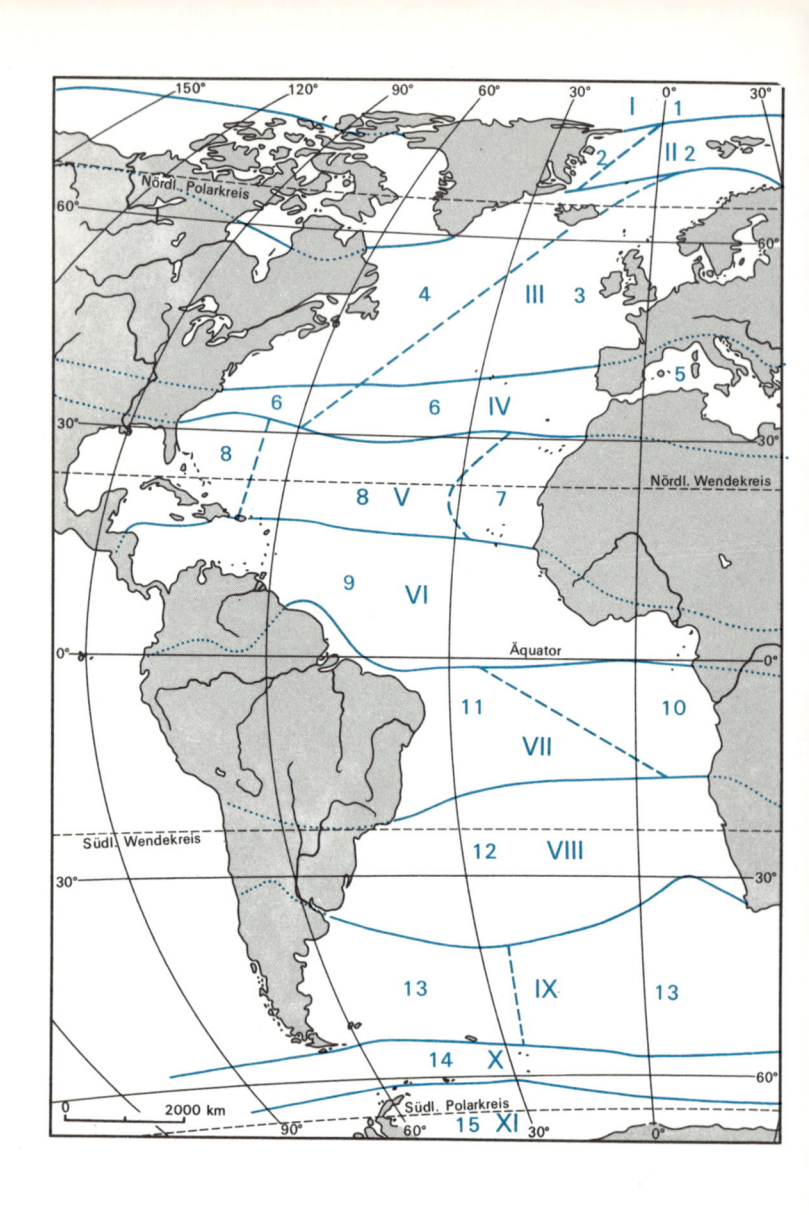

Abbildung 29
Geographische Provinzen des Atlantischen Ozeans
(nach GEMBEL 1979)

Geographische Zonen	Provinzen des Atlantischen Ozeans
I, XI Polarzonen	1 zentrales Nordpolarbecken 15 polare Provinz des Südatlantiks
II, X Subpolare Zonen	2 europäische und amerikanische Provinz subpolarer kontinental beeinflußter Gewässer 14 subpolare Provinz der Südhalbkugel
III, IX Gemäßigte Zonen	3 atlantisch-europäische Provinz 4 atlantisch-grönländische Provinz kontinental beeinflußter Gewässer 13 atlantisch-südamerikanische und atlantisch-afrikanische Provinz gemäßigter Breiten der Südhalbkugel
IV, VIII Subtropische Zonen	5 subtropische Mittelmeergewässer 6 subtropische Provinzen der westlichen und östlichen Peripherie des Atlantischen Ozeans 12 subtropische atlantische Provinz der Südhalbkugel
V, VII Tropische Zonen	7 Kanarische Provinz kalter Auftriebwässer 8 karibische und nördliche Provinz warmer Passatgewässer 10 Provinz kalter Auftriebwässer der Südhalbkugel (Benguela-Strom) 11 Brasilianische Provinz warmer Gewässer
VI Äquatoriale Zone	9 atlantische Provinz der äquatorialen Gegenströmung

Legende zu Abbildung 29

Reihe von Eigenschaften, wie zum Beispiel Temperatur, Salzgehalt, Sauerstoffgehalt, Dichte, Nährstoffgehalt u. a. gemeinsam, mit denen sie sich von benachbarten Wasserkörpern deutlich unterscheiden. Insofern sind mit den Wassermassen der Strömungen Einheiten erfaßt, die durch zahlreiche gemeinsame Merkmale gekennzeichnet sind. Hinzu kommt, daß die Meeresströmungen von mehr oder weniger direkter praktischer Bedeutung für die Fischerei und den Seeverkehr sind. Dieses Verfahren wird zugleich zwei weiteren Forderungen gerecht, wie sie an eine solche Gliederung zu stellen sind: Da die Meeresströmungen im Hinblick auf ihre räumliche Ausbreitung größtenteils windgetrieben sind, ist eine weitgehende Übereinstimmung mit den Windzonen bzw. Klimazonen hergestellt. Über diesen Zusammenhang sind gleichzeitig die Gegebenheiten berücksichtigt, die aus dem Zonalitätsprinzip herrühren. In den hohen Breiten treten, eben-

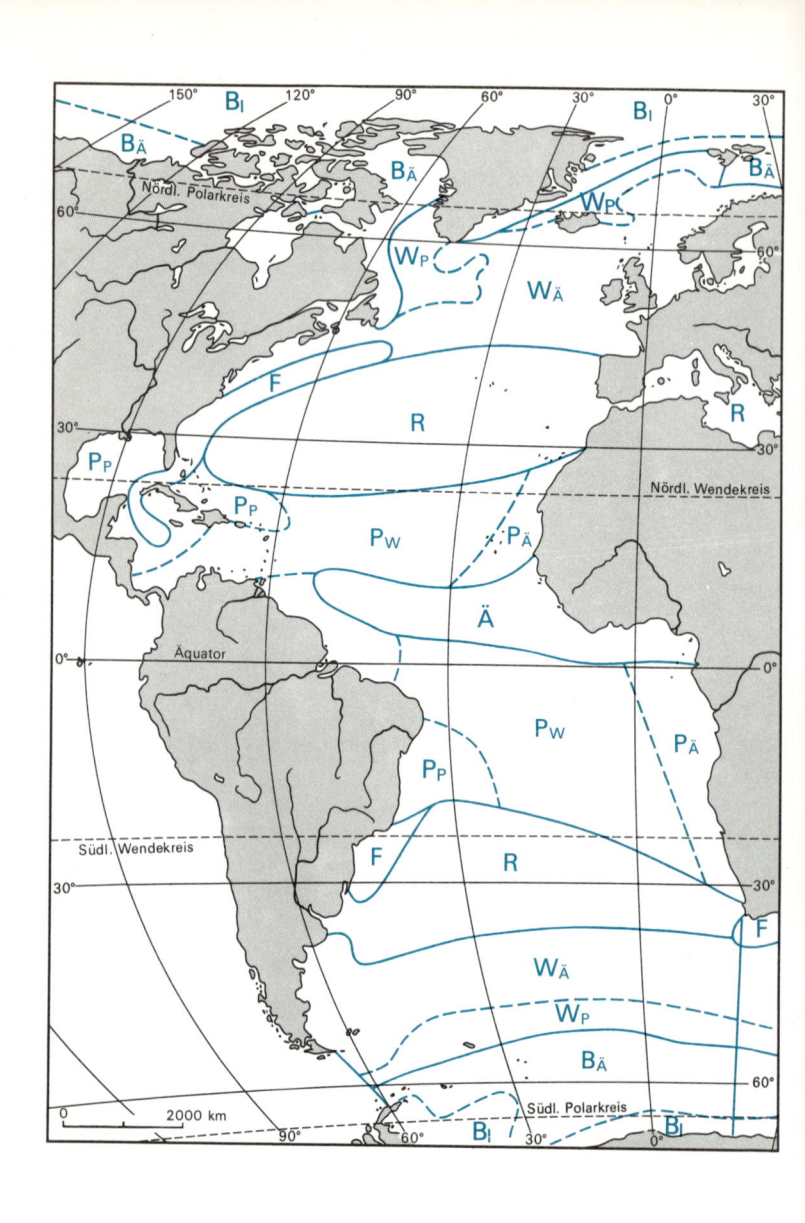

Abbildung 30
Hauptregionen des Atlantischen Ozeans
(nach DIETRICH 1956 u. DIETRICH u. a. 1975)

Hauptregionen	Windzonen
P Passatstromregion $P_Ä$ starke äquatorial gerichtete Komponente P_W mit starker Weststömung P_P mit starker polwärts gerichteter Komponente	Passatzonen
Ä Äquatorialstromregion (ostwärts setzend)	Mallungen
M Monsunstromregion (im Atlantischen Ozean nicht vertreten)	Monsunzone
R Roßbreitenregion	Subtropische Hochdruckgebiete
F Freistrahlregion	–
W Westwindregion $W_Ä$ äquatorwärts der ozeanischen Polarfront W_P polwärts der ozeanischen Polarfront	Westwindzone
B Polarregion $B_Ä$ äußere Zone (im Winter und Frühjahr stets oder häufig mit Packeis bedeckt) B_I innere Zone (ganzjährige Eisbedeckung)	Zone der polaren Ostwinde

Legende zu Abbildung 30

falls in engstem Zusammenhang mit den klimatischen und hydrographischen Bedingungen stehend, die Eisverhältnisse an die Stelle der Strömungen als Gliederungsgrundlage.

Das Ergebnis dieser Verfahrensweise ist eine Gliederung in *Hauptregionen,* wobei Gesichtspunkte der Zonalität, aber auch azonal geordnete Sachverhalte berücksichtigt werden. Wenn auch die Grenzziehung im einzelnen problematisch ist, weil die Kenntnisse der Meeresströmungen noch verbesserungsbedürftig sind und die einzelnen Stromgebilde periodischen und unperiodischen Schwankungen unterworfen sind, scheint diese Kombination von Gliederungsmomenten doch die erfolgreichste.

Grundlagen der Sachverhalte der Gesamtsituation ist die Sonnenstrahlung und ihre Differenzierung auf der Meeresoberfläche. Von dieser Energiezufuhr hängen nach strengen Gesetzen der zonalen Verteilung die Licht- und Wärmeverhältnisse direkt ab. Unmittelbare Folgewirkung ist die atmosphärische Zirkulation, die ihrerseits die ozeanische Zirkulation in Form der Oberflächenströmungen bewirkt. Sind schon die Werte der Strahlungsbilanz (s. Abbildung 14) nicht mehr streng zonal verteilt, so ist das noch weniger bei den Oberflächenströmungen der Fall. Neben großen Zügen einer zonalen Anordnung treten zahlreiche Abweichungen von diesem Prinzip auf. Sie werden in erster Linie von der Verteilung der Kontinente erzwungen, die keinen zonalen Gesetzmäßigkeiten unterliegt. Ohne Kontinente bestünde die ozeanische Zirkulation in breitenkreisparallelen Stromringen, die sich um die ganze Erde schlingen würden. Beispiel dafür ist die Westwindtrift um die Antarktis. Durch die Kontinente werden die Strömungen zu Stromringen, womit zwangsweise meridionale Komponenten verbunden sind. Die asiatische Landmasse bestimmt über das Monsunregime über dem nördlichen Indischen Ozean auch die von zonalen Gesetzmäßigkeiten abweichenden Zirkulationsverhältnisse in diesem Ozean. Die azonale Verteilung der Landmassen und der Verlauf ihrer Küsten ist auch die Ursache für das Auftreten der kalten Auftriebwässer, die nach ihrer Einbeziehung in die Stromringe große Regionen des Meeres maßgeblich beeinflussen. Die Meeresströmungen bewerkstelligen Energie- bzw. Wärmetransporte großen Ausmaßes. Mit ihren meridionalen Komponenten werden Temperaturverhältnisse im Meer hergestellt, die das Bild einer zonalen Verteilung entscheidend verändern.

Im Ergebnis bestehen zwischen den Gliederungen von SCHOTT, GEMBEL und DIETRICH, die auch im Hinblick auf den Maßstab der Betrachtung vergleichbar sind, große Ähnlichkeiten bzw. Übereinstimmungen. Die Ableitung von DIETRICH erscheint am konsequentesten. Von der Zuordnung seiner Hauptregionen zu den Windzonen sind nur die Freistrahlregionen ausgenommen. Aber gerade ihre Wasserkörper haben neben einer hohen Stromgeschwindigkeit sehr markante Eigenschaften und heben sich sehr deutlich von ihrer Umgebung ab.

Der Golfstrom als typischer Vertreter der Freistrahlregionen hat einen sehr charakteristischen hydrographischen Aufbau. Seine Wässer sind in den äquatorialen Bereichen des Nordatlantik, im Karibischen Meer und im Golf von Mexiko stark erwärmt worden, auch die Wassermassen des Antillenstromes, die wie die Wassermassen des Golfstromes der Nordäquatorialströmung entstammen und sich mit dem Golfstrom vereinigen, sind warm. Die Oberflächentemperaturen des Golfstromes überschreiten 22 °C, der Salzgehalt ist mit 35 bis 36,5 ‰ hoch, ebenso die Dichte des Wassers. Das wichtigste Merkmal ist eine hohe Stromgeschwindigkeit von 150 cm/s (5,4 km/h) und mehr. Diese Dynamik ermöglicht das Nebeneinander sehr unterschiedlicher Wassermassen. Seine Nordwestflanke, der „kalte Wall", wird von Wassermassen gebildet, die nur etwa 10 °C warm sind, deren Salzgehalt bis auf 33 ‰ absinkt und eine geringere Dichte haben. Zur Dynamik des Stromes gehört auch eine kräftige Querzirkulation. Das Gesamtgebilde Golfstrom reicht über 3 500 km von der Floridastraße bis Neufundland. Bei diesen ausgesprochenen Eigenarten ist es nicht überraschend, daß ihn seine ersten kartographischen Darstellungen als einen scharf begrenzten Strom im Meere zeigen.

Als weiteres Beispiel einer Regionaleinheit des Meeres sei abschließend eine Charakteristik der Hauptregion „Westwindregion äquatorwärts der ozeanischen Polarfront" im Nordatlantik angedeutet. Sie ist das Gebiet der Golfstromtrift und durch wesentlich komliziertere Strömungsverhältnisse gekennzeichnet als die entsprechende Hauptregion im Südatlantik, wo nur Südamerika ein Hindernis für die Westwindtrift um die ganze Erde darstellt. Der Golfstrom hat hier seinen Charakter als Strahlströmung verloren und spaltet sich in mehrere Stromarme auf, die so große Massen warmen Wassers in den nordöstlichen Atlantik bringen, daß hier die größte Ansammlung azonal warmen Wassers zustande kommt. Jede Karte der Oberflächenwassertemperaturen des Atlantik läßt diesen Sachverhalt auf den ersten Blick erkennen. Die polare Grenze dieser Wassermassen liegt dort, wo im Winter ständig Eis auftrifft, die äquatoriale Grenze ist nicht deutlich ausgeprägt. Die Windverhältnisse sind wie die Strömungen sehr wechslhaft, Zyklonen und kräftige Stürme, insbesondere im Winter, sind sehr häufig. Die Niederschläge überwiegen die Verdunstung, so daß der Salzgehalt relativ niedrig ist. Tiefreichende thermische Konvektion im Winter und zyklonische Wirbel an der Polarfront sorgen für eine kräftige Durchmischung des Wassers bis in große Tiefe. Die damit verbundene Zufuhr nährstoffreichen Wassers an die Oberläche ermöglicht eine reiche Entfaltung des Planktons, das wiederum die Grundlage des Fischreichtums der Schelfgebiete vor Nordamerika, um Grönland, Island und am Schelf vor Nordwesteuropa darstellt, so daß diese Gebiete zu den ertragreichsten Fischgründen zählen. Sie haben außerdem den großen Vorzug, in unmittelbarer Nachbarschaft der großen Bevölkerungskonzentrationen Nordamerikas und Europas zu liegen.

Die sorgfältige Beschreibung der regionalen Einheiten des Meeres ist eine wichtige geographische Aufgabe. Sie besteht in einer Zusammenschau aller Kenntnisse der allgemeinen Meereskunde für einen konkreten Meeresraum. Sie erst liefert ein Gesamtbild der wirklichen Verhältnisse am konkreten Beispiel. Ausgehen muß eine solche Beschreibung stets von den hydrographischen Bedingungen, das heißt von den Wasserkörpern und ihren Eigenschaften. Sie bilden den Hauptinhalt einer jeden meereskundlichen Betrachtung. Die zuletzt erörterte Gliederung von DIETRICH liefert dafür eine günstige Voraussetzung insofern, als mit den Stromgebilden solche Wasserkörper verhältnismäßig leicht erfaßt und sinnvoll abgegrenzt werden können.

In keiner der erörterten Regionalgliederungen des Weltmeeres erscheint ein Seegebiet, das in der internationalen Publizistik der 1970er Jahre als „Bermuda-Dreieck" eine gewisse Rolle spielte. Über dieses Meeresgebiet im südwestlichen Nordatlantik zwischen der Halbinsel Florida, Puerto-Rico und den Bermuda-Inseln wurde von einer angeblich außerordentlich großen Zahl von Schiffs- und Flugzeugkatastrophen berichtet, deren Ursachen nicht aufgeklärt werden konnten. Das angebliche Versagen von Kompassen, die atomosphärische Störung des Funkverkehrs und ungewöhnliche Wetterereignisse wurden zum Anlaß genommen, für dieses Gebiet des Bermuda-Dreiecks außergewöhnliche, bisher unbekannte und vor allem wissenschaftlichen Erkenntnissen widersprechende Verhältnisse anzunehmen. Bei näherer Prüfung stellte sich heraus, daß die Berichte von den Katastrophen meist keine Originalberichte, dazu auch unvollständig und widersprüchlich waren. Es gibt keine Anhaltspunkte für außergewöhnliche geophysikalische, ozeanographische und klimatische Verhältnisse in irgendeinem Seegebiet, die nicht erklärbar, deshalb geheimnisvoll und mit den gegenwärtigen Erkenntnissen der Naturwissenschaften nicht vereinbar wären. Das Gebiet hat keine auch nur irgendwie geartete Sonderstellung. Alles, was sich hier ereignet hat, ist keine Ausnahme.

Begriffserläuterungen

Advektion (lat. advehere – herbeiführen) Herantransport von Luft- oder Wassermassen in überwiegend horizontaler Richtung.
Akkumulationsrelief (lat. accumulare – aufhäufen) Oberflächenformen, die durch die Anhäufung von Material aus der Tätigkeit von Wasser, Eis, Wind und Vulkanen entstanden sind.
Akkumulationskegel (lat. accumulare – aufhäufen) Aufschüttung von der Form eines Kegels.
Albedo (lat. albus – weiß) Verhältnis der Lichtmenge, die zurückgeworfen wird, zur gesamten empfangenen Lichtmenge.
Amphidromie (gr. amphi – um, herum; dromos – Lauf) Drehwelle, die zur Folge hat, daß der Tiedenhub verschwindet.
anthropogen (gr. anthrōpos – Mensch; lat. generare – schaffen) vom Menschen geschaffen oder verursacht.
Anomalie (gr. homalos – flach, eben) Abweichung vom Normalen oder vom Mittelwert.
azonal (gr. zōnē – Gürtel) nicht der durch die Einstrahlungsverhältnisse bedingten Anordnung in breitenkreisparallelen Streifen unterliegend.
Besteck – Schiffsort nach geographischer Länge und Breite.
Blattverschiebung – Horizontalbewegung von zwei Krustenteilen an einer Linie.
Cañon (lat. canna – Rohr) enges Kerbtal mit besonders steilen Hängen, z. T. auch Wänden.
Curietemperatur – Temperatur, bei der Material magnetisiert wird bzw. seine Magnetisierung verliert.
Deklination (gr. klīnein – neigen) Winkelabstand von Himmelskörpern.
dispers (lat. dispergere – zerteilen) fein verteilt, wobei die Teilchen mikroskopische oder submikroskopische Größen haben.
Divergenz (lat. vergere – sich neigen) Auseinanderströmen von Wasser an der Oberfläche.
Echograph (gr. ēchō – Schall, graphein – schreiben) Gerät, das die Meerestiefe von der Oberfläche her über die Laufzeit von künstlichen Schallwellen, die vom Meeresgrund reflektiert werden, mißt und aufzeichnet.

eustatische Absenkung des Meeresspiegels (gr. eu – gut, statis Stand, Stellung) Senkung des Meeresspiegels, die nicht durch tektonische Bewegungen verursacht wird, sondern durch Veränderungen im Wasserhaushalt der Erde, z. B. durch die Bindung von Wasser in Form von Eis auf den Festländern.

Exhalation (lat. halare – hauchen) Aushauchung von Gas aus Vulkanen, Lavaströmen und Spalten.

Flexur (lat. flectere – biegen) S-förmige Verbiegung von Schichten.

fluvial (lat. fluvius – Fluß) in Bezug auf Flüsse und ihre Tätigkeit.

Frontalzone – Übergangszone zwischen zwei verschiedenen Luft- oder Wassermassen.

Geosynklinale (gr. klinein – neigen) meist langgestreckter Bereich der Erdkruste, der durch Ablagerungen aufgefüllt wird.

glazial (lat. glacies – Eis) im Zusammenhang mit Eis und besonders Inlandeis.

in-situ-Messung (lat. situs – Lage, Stellung) an Ort und Stelle der Bildung oder Umbildung.

isostatisch – (gr. isos-gleich) in Bezug auf den hydrostatischen Gleichgewichtszustand.

isotherm (gr. isos – gleich, thermos – warm) von gleicher Temperatur (gleich warm).

klastisch (gr. klasis – Zerbrechen) durch (mechanische) Zertrümmerung entstanden.

Kondensationswärme – s. latente Wärme.

Kontinentaldrifttheorie – Theorie von ALFRED WEGENER, wonach die Kontinente durch horizontale Verschiebungen ihre Lage zueinander verändert haben.

Konvektion (lat. convehere – zusammenführen) vertikale Bewegungen von Luft oder Wasser infolge Erwärmung oder Abkühlung.

Konvergenz (lat. vergere – sich neigen) Aufeinandertreffen von Strömungen der Luft oder des Wassers.

latente Wärme (lat. latens – verborgen) Wärme, die bei der Verdunstung des Wassers verbraucht wird und beim Übergang des Wasserdampfes in die flüssige Phase als Kondensationswärme wieder frei wird.

Lithosphäre – (gr. lithos – Stein; sphaira – Kugel) äußere Schichten des Erdkörpers, die die Erdkruste und den oberen Mantel umfassen.

Mäander mehr oder weniger regelmäßige Flußkrümmungen.

Magmatit (gr. magma – geknetete Masse) aus einer Gesteinsschmelze hervorgegangenes Gestein, wobei das Material unter der Erdoberfläche oder erst an der Erdoberfläche erstarrt sein kann.

Malm (engl. Bezeichnung für einen kalk- und phosphorreichen Lehmboden) oberste Abteilung des Jura.

Mangrove – Gehölzformation im Gezeitenbereich tropischer Küsten.

Mohorovičič-Diskontinuität – Unstetigkeitsfläche (in Bezug auf die Geschwindigkeit von Erdbebenwellen) an der Grenze Erdkruste/Erdmantel in durchschnittlich 25–40 km Tiefe.

molekulare Wärmeleitung – Wärmeleitung durch molekulare Prozesse zum Unterschied von Wärmeübertragungsvorgängen, bei denen sich das Wasser bewegt und die Wärme (durch Turbulenz oder Strömungen) transportiert wird.

Mobilismus (lat. movere – bewegen, mobilis – beweglich) Auffassung, wonach sich Teile der Erdkruste horizontal bewegen können.

Monsunregime (arab. mausim – Jahreszeit) Regime jahreszeitlichen Wechsels in herrschender Windrichtung und Luftmassen, der einen entsprechenden Wechsel in der Niederschlagstätigkeit zur Folge hat.

Offshore-Förderung (engl. offshore – von der Küste ab) Förderung im Meeresbereich.

orographisch – (gr. oros – Berg) relief- bzw. gebirgsbeschreibend.

pelagisch – (gr. pelagos – Meer) landfern, küstenfern.

Peridotit – ultrabasisches Tiefengestein, das im wesentlichen aus Olivin, Pyroxen oder Hornblende besteht.

Phytoplankton (gr. phyton – Pflanze, planktos – abirrend) pflanzliches Plankton.

Plankton (gr. planktos – abirrend) pflanzliche und tierische Organismen, die im Meerwasser leben und sich nicht aktiv schwimmend bewegen können.

Pufferung – Fähigkeit eines Bodens oder chemischen Systems, Reaktionsverschiebungen zur sauren oder basischen Seite hin entgegenzuwirken.

refraktionsseismische Methode (gr. seismos – Erdbeben, lat. frangere – brechen) geophysikalische Methode zur Untersuchung des geologisch-tektonischen Baues der Erdkruste, bei der an Grenzen verschiedener Dichte gebrochene Wellen entstehen, wobei die Tiefe der brechenden Schicht ermittelt werden kann.

rezent (lat. recens – frisch, neu) gegenwärtig.

Rift (engl. rift – Spalte, Zerspalten) geologische Bruch- und Grabenzone.

Schelf (engl. shelf – Bord, Brett) unter dem Meeresspiegel liegender Rand der Festländer.

Schwereanomalie (gr. homalos – flach, eben) Abweichung von der normalen Fallbeschleunigung.

seismisch (gr. seismos – Erdbeben, Erdschütterung) Erdbeben (auch künstlich ausgelöste) betreffend.

selektiv (lat. seligere – auswählen) auswählend.

Serpentinit (lat. serpens – Schlange) umgewandeltes Gestein, das hauptsächlich aus Peridotit und Pyroxenit besteht und früher als Mittel gegen Schlangenbiß galt.

Sperrschicht – Sprungschicht (s. diese) von so starker Ausbildung, daß alle vertikalen Austauschvorgänge verhindert werden.

Sprungschicht – Schicht, in der die Wassertemperatur stark zu- oder abnimmt.

Subduktion (lat. ducere – führen) Hinabziehen und Verschlucken leichter Massen in die Tiefe.

Subduktionszone – in der Plattentektonik Bereich, in dem eine Platte in die Tiefe wandert.

submarin – (lat. sub – unter, mare – Meer) untermeerisch, unter dem Meeresspiegel.

Suspensionsstrom – (lat. suspendere – schweben) Wassermassen, die infolge Aufnahme schwebenden Materials (Trübe) eine höhere Dichte haben und deshalb absinken.

tektonisch (gr. tektōn – Baumeister) den Bau, die Bewegungsvorgänge und die verursachenden Kräfte betreffend.

terrestrisch (lat. terra – Erde) dem Festland zugehörig.

titrimetrisches Verfahren – maßanalytisches Verfahren, bei dem eine Maßlösung (Titer) verwendet wird.

Triftstrom – ausschließlich durch den Wind hervorgerufene und durch keine anderen Kräfte beeinflußte Strömung.

Turbidit (lat. turbare – aufwühlen, verwirren) klastische Ablagerung aus Trübeströmen.

Turbulenz (lat. turbare – stören, verwirren) Verwirbelung einer Strömung, sodaß die Teilchenbahnen nicht mehr geordnet verlaufen; Massenaustausch, der durch ungeordnete (turbulente) Bewegungen zustandekommt.

Zonalität (gr. zōnē – Gürtel) geographisches Ordnungsprinzip, das auf der Kugelgestalt der Erde und der dadurch bedingten Verteilung der Strahlungsintensität beruht und die Anordnung wichtiger Elemente von Klima, Vegetation und Böden zur Folge hat.

Zyklone (gr. kyklos – Kreis, Kreislauf) – annähernd kreisförmiges Tiefdruckgebiet.

Literatur

Atlas der Erdkunde. Gotha 1984.

BOGDANOV, D. V.
  Karta prirodnych zon okeana (Karte der natürlichen Zonen des Meeres). Okeanologija 1961, T. 1, vyp. 5.

BRUNS, E.
  Ozeanologie. 2 Bde. Berlin 1958 u. 1962

CULKIN, F.
  The major constituents of sea water. Chemical Oceanography, 1, London 1965, S. 121–158.

Das Meer. Leipzig, Jena, Berlin 1969.

DIETRICH, G.
  Die Gezeiten des Weltmeeres als geographische Erscheinung. Zschr. d. Ges. f. Erdkunde zu Berlin 1944, H. 1/2, S. 69–85.

DIETRICH, G.
  Beitrag zu einer vergleichenden Ozeanographie des Weltmeeres. Kieler Meeresforschungen, Bd. 12, 1956, H. 1, S. 3–24.

DIETRICH, G., u. K. KALLE
  Allgemeine Meereskunde. Berlin [West] 1957.

DIETRICH, G., u. J. ULRICH
  Atlas zur Ozeanographie. Mannheim 1968.

DIETRICH, G., K. KALLE, W. KRAUSS u. G. SIEDLER
  Allgemeine Meereskunde. Eine Einführung in die Ozeanographie. Berlin [West], Stuttgart 1975.

EKMAN, V. W.
  On the influence of the earth's rotation on oceancurrents. Arkiv för Mat., Astron., Fysik Kgl. Sv. Vetensk Akad. Bd. 2, Nr. 11, S. 1–53. Stockholm 1905.

Fiziko-geografičeskij Atlas Mira. (Physisch-geographischer Weltatlas). Moskva 1964.

GAGEL, E.
  Die sieben Meere. Ihre Erforschung und Erschließung. Braunschweig 1955

GEMBEL, A. V.
  Obščaja geografija mirovogo okeana. Moskva 1979.

GESSNER, F.
  Meer und Strand. Berlin 1957.

Gezeitentafeln für das Jahr 1975. Bd. 1 Europäische Gewässer. Hamburg 1974.

GOLDBERG, E. D.
  Minor elements in sea water. Chemical Oceanography, 1, 1965, S. 163–169.

GROSS, M. G.
  Oceanography. A view of the

Earth. Sec. ed. Englewood Cliffs, N. J. 1977.

Grundlagen der Ozeanologie. Berlin 1978.

HEEZEN, B. C., M. THARP u. M. EWING
The floors of the oceans. Geol. Soc. Americ., Spec. Paper 65. New York 1959.

HEEZEN, B. C., u. L. WILSON
Submarine geomorphology. The encyclopedia of geomorphology. New York 1968, S. 1079–1097.

HOINKES, H.
Das Eis der Erde. Umschau in Wissenschaft und Technik, 1968, Nr. 10, S. 301–306.

HUPFER, P.
Physikalische Ozeanologie. In: Physik des Planeten Erde. Ergebnisse geophysikalischer Forschung. Berlin 1975, S. 133–135.

HUPFER, P.
Die Ostsee – kleines Meer mit großen Problemen. Leipzig 1978.

KALLE, K.
Der Stoffhaushalt des Meeres. Leipzig 1943.

LVOVITCH, M. J.
World water balance. Symposium on world water balance. UNESCO-IASH. Publ. 93, Paris 1971.

ROSENKRANZ, E.
Das Meer und seine Nutzung. Studienbücherei Geographie für Lehrer, Bd. 14, 2. Aufl. Gotha, Leipzig 1980.

SAGER, G.
Ebbe und Flut. Gotha 1959.

SCHARNOW, U.
Namen und Nautische Grenzen der Ozeane und Meere. Zschr. f. d. Erdkundeunterricht, 12. Jg., 1960, H. 9, S. 358–360.

SCHLIECKER, A.
Die Aufgaben des Seehydrographischen Dienstes der DDR. Geogr. Berichte, 4. Jg., 1959, H. 1/2 (10/11), S. 85–93.

SCHOTT, G.
Die Aufteilung der drei Ozeane in natürliche Regionen. Peterm. Geogr. Mitt., 82. Jg., 1936, H. 6, S. 165–170 u. H. 7/8, S. 218–222.

SCHOTT, G.
Geographie des Atlantischen Ozeans. Hamburg 1944 (unveränderter Nachdruck der 3. Aufl.).

SCHROEDER, E.
Das Bewegungsbild der ozeanischen Kruste und Aspekte globaler Tektonik. Berichte d. dtsch. Ges. f. geol. Wiss. A, 16, 1971, 3/5, S. 413–434.

SCHÜTZLER, A.
Gliederung und Bezeichnung der Ostsee. Seeverkehr, 8. Jg, 1968, H. 5, S. 196–199.

WÜST, G.
Die Gliederung des Weltmeeres. Versuch einer systematischen geographischen Namengebung. Peterm. Geogr. Mitt., 82. Jg., 1936, H. 2, S. 33–38.

WÜST, G., W. BROGMUS, u. E. NOODT
Die zonale Verteilung von Salzgehalt, Niederschlag, Verdunstung, Temperatur und Dichte an der Oberfläche der Ozeane. Kieler Meeresforschungen. Bd. 10, Kiel 1954, S. 137–161.

Foto 1
Seegang und Brandung an der Küste von Bornholm
(SCHULZ, Warnemünde)

Foto 2
Forschungsschiff „A. v. Humboldt" der Akademie der Wissenschaften der DDR. 1270 BRT, Aktionsradius 12 700 sm (23 500 km), Baujahr 1967, modernisiert 1978
(FRANCKE, Warnemünde)

Foto 3
Forschungsschiff „Professor Albrecht Penck" der Akademie der Wissenschaften der DDR. 305 BRT, Aktionsradius 3800 sm (7000 km), Baujahr 1951, modernisiert 1973/74
(FRANCKE, Warnemünde)

Foto 4
Steilküste von Jasmund (Rügen). Kliff aus Kreide mit glazialtektonisch eingearbeiteten glaziären Schichten. Abgestürztes Material wird bis auf Feuersteine und Geschiebe rasch von der Brandung aufgearbeitet (REINICKE, Stralsund)

Foto 5
Gezeitenküste an der Deutschen Bucht bei Ebbe
(REINICKE, Stralsund)

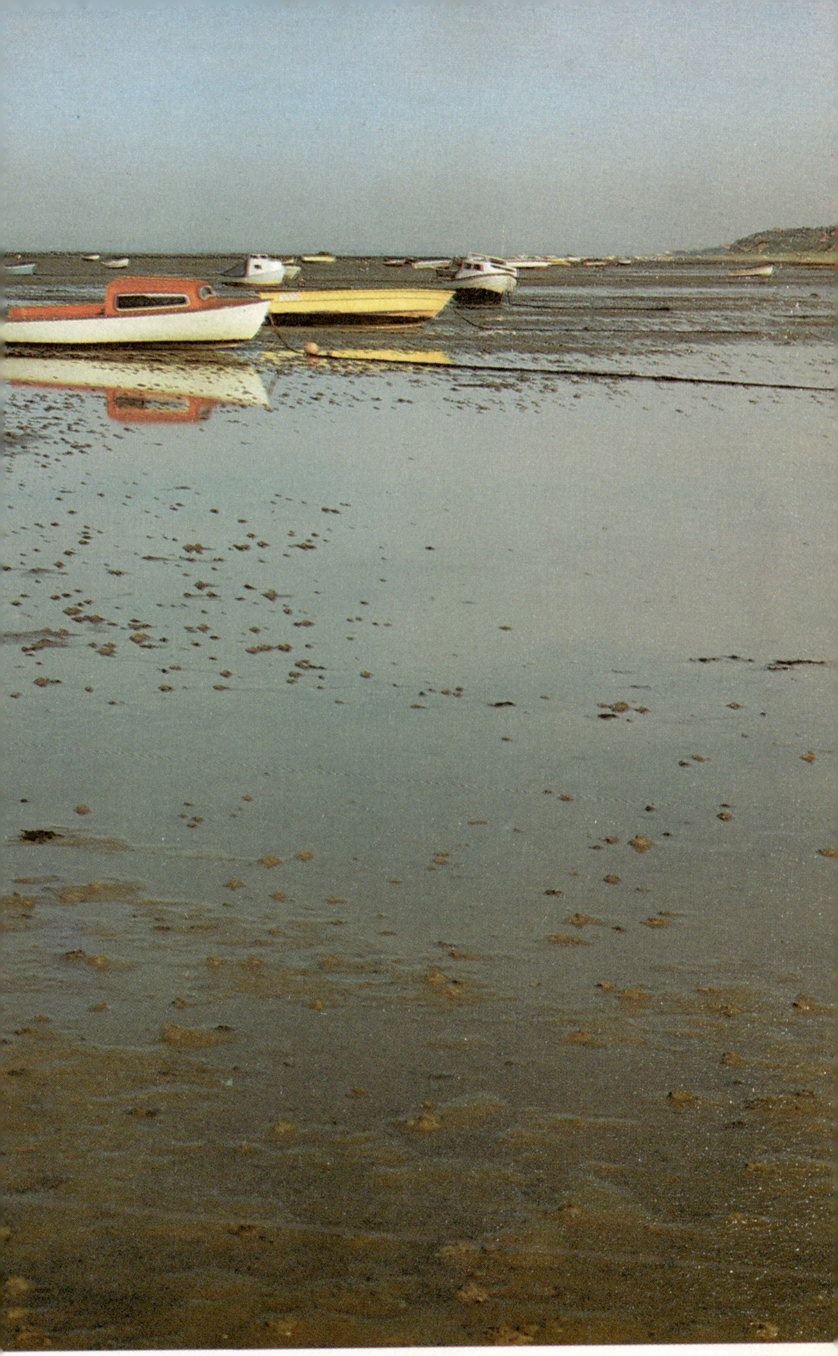

Foto 6
Gezeitenkraftwerk La Rance an der französischen Kanalküste (Golf von St-Malo). Die auf der Wasserstandshöhe bei Flut gestauten Tidewassermassen strömen nach links, wo Ebbe eingetreten ist (TIETZE, Helmstedt)

Foto 7
Gewinnung von Salz aus dem Meerwasser bei Sète an der französischen Mittelmeerküste (TIETZE, Helmstedt)

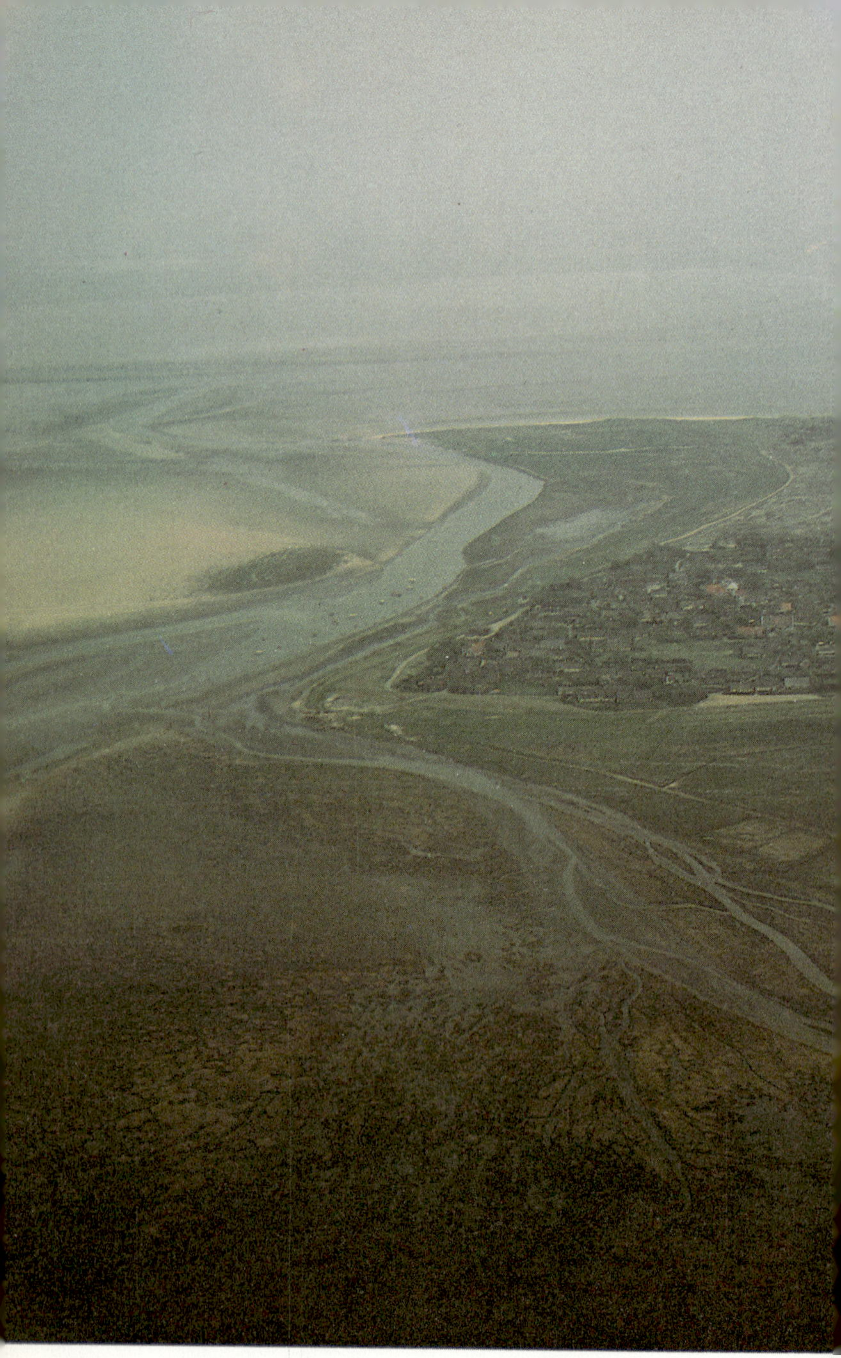

Foto 9
Eisberg, hervorgegangen aus einem Talgletscher.
Solche Eisberge sind typisch für die Nordhalbkugel
(Zentralinstitut für Physik der Erde, Potsdam)

Foto 8
Nordfriesisches Watt im Süden der dänischen Insel Fanø
(REINICKE, Stralsund)

Foto 10
Tafeleisberg vom Schelfeistyp.
Solche Eisberge gehen aus der antarktischen Inlandeisdecke hervor, die sich mit geschlossener Front gegen das Meer vorschiebt und dann unter der Wirkung des Auftriebes in großen Schollen abbricht
(PASSEHL, Potsdam)

Foto 11
Treibeis im finnischen
Ostseehafen Turku
(TIETZE, Helmstedt)

Foto 12
Ozeanologische Meßkette OM 75 des Instituts für Meereskunde der Akademie der Wissenschaften der DDR zur in-situ-Bestimmung mehrerer physikalischer und chemischer Parameter bei gleichzeitiger Aufnahme von Wasserproben in Tiefen bis zu 4000 m
(FRANCKE, Warnemünde)

Foto 13
Feinmaschiges Netz zum Einbringen tierischen Planktons.
Ein besonderer Schließungsmechanismus ermöglicht die Gewinnung von Proben aus beliebiger Tiefe
(FRANCKE, Warnemünde)

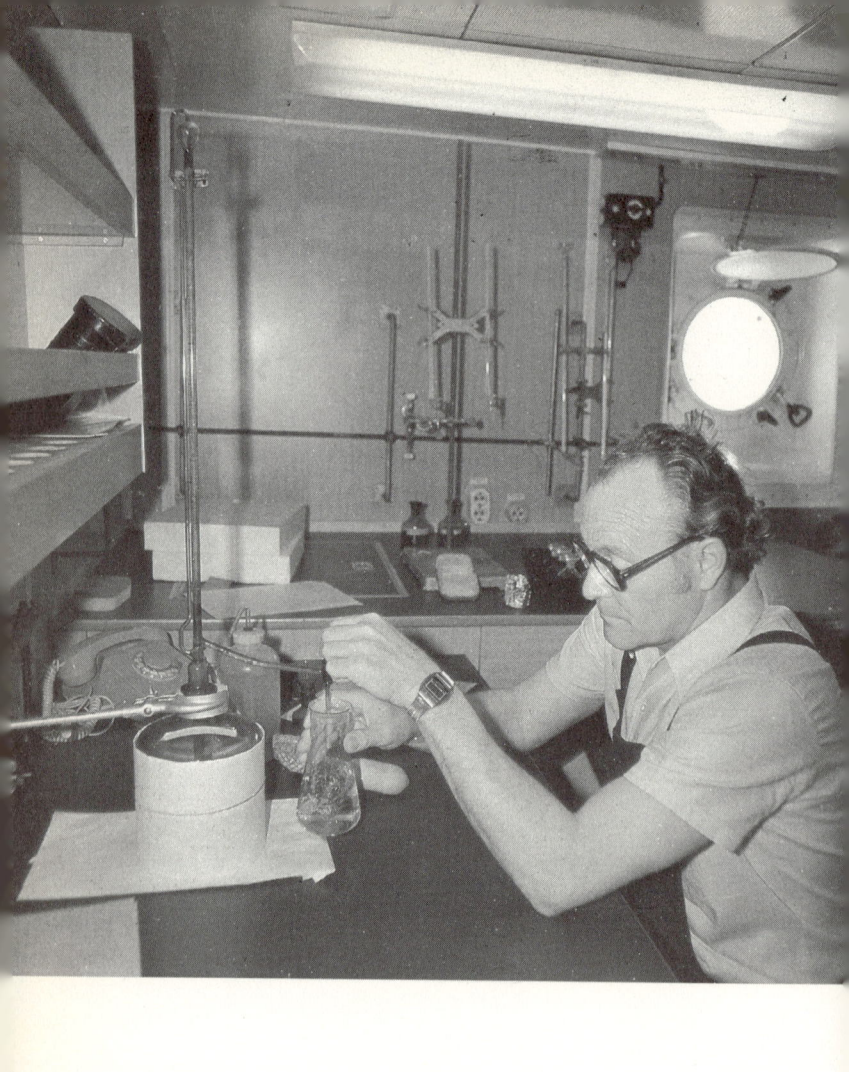

Foto 14
Bestimmung des im Meerwasser gelösten Sauerstoffes durch
jodometrische Titration im Bordlabor eines Forschungsschiffes
(FRANCKE, Warnemünde)

Foto 15
Nitrat ist neben Phosphat und Silikat ein wichtiger Algennährstoff.
Quantitative Untersuchung durch Reduktion an amalgiertem Kadmium
im Labor eines Forschungsschiffes
(FRANCKE, Warnemünde)

Foto 16
Druckfeste Spezialwasserschöpfer aus Glas mit einem Fassungsvermögen von 23 l zur Gewinnung von Wasserproben aus Tiefen bis zu 800 m für die Untersuchung mariner Schadstoffe: Schwermetalle, Chlor- und Erdölkohlenwasserstoffe (FRANCKE, Warnemünde)